_____ 님께

드립니다.

_____

세계기독교고전 18

허드슨 테일러

연합과친교

그리스도와의 개인적 교제에 대한 묵상

심 이석 옮김

크리스챤
다이제스트

●이 책은 J. Hudson Taylor, *UNION AND COMMUNION* (London : CHINA INLAND MISSION, 1914)을 완역한 것이다. 이 책은 초판 이후 지금까지 계속 발행되고 있다.

머리말

이 작은 책은 헌신적인 성경 학습자들을 선한 목자의 푸른 초장에서 임금님의 잔치집을 거쳐 포도원지기 원두막으로 인도하기 위해 의도된 것으로, 교회에 보내는 허드슨 테일러의 살아있는 전설 가운데 하나이다. 분명히 거룩하신 분으로부터 능력을 부음받아 상징과 비유 아래 아가서의 주제가 되고있는 신자들과 주님과의 인격적 연합에 관한 깊은 진리를 가장 단순한 언어로 이처럼 전개할 수 있게 되었다.

또한 이렇게 함으로써 거룩한 책 가운데 흔히 가장 무시되고 오해되는 한권의 책에 대한 틀림없는 안내에 이바지하였다. 너무나 많은 사람들이 그 의미를 숨기기도 하고 드러내기도 하는 풍부한 언어와 넘치는 비유에 당황한 나머지 '누군가 나를 인도해 주는 사람이 없으면 어떻게 이해할 수 있겠느냐?'고 말해왔다. 이 책의 내용이 틀림없이 그러한 모든 이들에게 도움과 축복이 되리라고 확실히 말할 수 있다.

그를 알던 사람들에게 허드슨 테일러의 생애는 그 자체가 이 소책자의 가치를 강조해 주는 것이었다. 그가 여기서 해설하고 있는 것의 실례를 그대로 보여주었기 때문이다. 그의 말이 그리스도와의 연합의 가능성과 축복을 가르치고 있다면, 그의 전 생애는 그것을 실제적인 체험 가운데 선포하고 있다.

그는 '누군가와 결혼한 사람, 즉 죽은 자 가운데서 부활하신 이와 결혼한 사람으로서' 그리고 그가 하나님께 열매를 맺은 그 연합의 소산으로서 일생을 살았다. 그가 누구였는가 하는 것이 그가 여기서 말하고 있는 것에 대해 의미와 확증을 주고 있으며, 이것은 과장하는게 아니다.

이것을 읽고 보이지 않는 주님과의 내밀한 관계를 너무 직설적으로 다루고 있다고 하여 신비적이고 비실제적이라고 거부할 사람도 있으리라는 것은 어쩔 수 없다. 어쨌든 나는 이 책의 저자가 중국 내지 선교를 창시했다는 것을 그러한 사람들에게 감히 상기시키고 싶다. 그는 사랑하는 분에 대한 자신의 환상을 일생에 걸친 헌신적인 봉사로 구현하였고, 오늘날 그 유례를 찾아보기 힘든 생애 전체를 통해서 흔들림 없이 이 환상을 간직했었다.

짧은 글이지만 이와같이 추천하는 바이다. 이것들은 체험에서 응축되어 나온 하나의 복음을 선포하고 있으며, 이와같이 구획된 하나님의 말씀을 통해 하나의 통로를 내주고 있는데, 이 통로는 그 길을 밟는 많은 이들을 임마누엘의 땅의 기쁨으로 인도할 것이다.

                              J. Stuart Holden

차 례

서 론

하나님의 모든 시대적 경륜이 지향하고있는 위대한 목적을 고린도전서 15 : 28이 우리에게 보여주고 있는데, "하나님이 만유의 주로서 만유 안에 계시려 하심이다." 이것과 요한복음 17 : 3에 나오는 우리 주님의 가르침이 일치하고 있다. "영생(의 목적)은 곧 유일하신 참 하나님과 그의 보내신 자 예수 그리스도를 아는 것이다." 이와 같다면, 일상 생활에서 항상 이 목적을 염두에 둠으로써 지혜롭게 행동하고 하나님의 거룩하신 말씀을 배우지 않겠는가?

모든 성경은 하나님의 영감에 의해 주어졌고 유익이 되므로, 따라서 어떤 부분도 무시되거나, 무시될 수 있다면 손실이 없을 수 없다. 말씀 가운데서도 헌신적인 성경 학습자들이 하나님에 대한 아주 중요한 지식을 추구하는데 있어 흔히들 무시하는 이 아가서보다 더 도움이 되는 것은 없을 것이다.

다른 하나님의 말씀들처럼, 이 책에도 난제가 많다. 그러나 하나님의 역사가 모두 그러하다. 사실 모두가 우리의 미력한 이해와 탐구의 능력을 뛰어넘어 그 신적 기원을 가리키고 있지 않는가? 연약한 인간이 신적 능력을 파악하거나, 전지자의 역사와 섭리를 이해하고 해석할 수 있다고 기대할 수 있는가? 그리고 그렇게 할 수 없다면, 그분의 말씀을 해석하기 위해서 초인적인 지혜가 역시 필요하다는 것이 놀라운 일이겠는가? 하나님께 감사한 것은, 성령의 조명하심이 구하는 모든 자들에게 약속되어 있다는 것이다. 더 이상 무엇을 바랄 수 있겠는가?

비결을 모르고 읽으면 이 책은 도무지 알 수가 없는데, 그 비결은 신약 성경에 나타난 가르침 속에서 쉽게 발견된다. 성육신하신 말씀이 기록된 말씀의 참된 비결이다. 그러나 성육신 이전에도 헌신적인 구약의 학습자들은 선지서에서 이 책의 성스러운 신비를 이해하는데 많은 도움을 발견했는데 거기서 이스라엘은 그들의 조성자가 그들의 남편이라고 배우고 있다.

마지막 선지자인 세례 요한은 그리스도의 인격에서 신랑을 발견하고 말하기를 '신부를 취하는 자는 신랑이나 서서 신랑의 음성을 듣는 친구가 크게 기뻐하나니 나는 이러한 기쁨이 충만하였노라' 고 했다. 바울은 에베소서 5장에서 더 나아가 그리스도와 그의 교회와의 연합, 그리고 그분에 대한 교회의 순종이 바로 결혼 관계의 기초가 되며, 모든 경건한 연합을 위한 모형을 제시해 준다고 가르치고 있다.

이 시가의 작자인 동시에 임금 신랑인 솔로몬에게서 우리는 장차 우리를 다스리실 참된 평화의 왕이신 우리 주님의 유형을 발견한다. 그리고 그의 신부가 되는 교회 뿐만 아니라 장차 영광스럽게 다스리실 그분의 신하가 될 자원하는 백성들도 발견하게 될 것이다. 또한 멀리서 유력자들이 보화를 가져와서 보좌에 앉으신 왕을 보고, 언젠가 시바의 여왕이 솔로몬 왕에게 했던 것처럼 어려운 질문으로 그분을 시험하며, 이 특권을 누리는 자들에게는 복이 있을 것이다.

한번만 보아도 평생 잊지 못할텐데, 부활하여 존귀케 된 신부의 신분적 위엄과 축복은 어떠하겠는가! 영원히 주님과 함께, 영원히 주님처럼, 영원히 그분이 자신을 소원하고 있음을 의식하면서 신부는 그분의 마음과 그분의 보좌를 함께 누릴 것이다. 이러한 은혜와 사랑의 신비를 이해하도록 도와주는 아가서 성경공부보다 더 유익한 것이 어디 있겠는가?

아가서와 그 앞에 있는 책 사이를 대조해 보는 것은 흥미롭다. 전도서는 '헛되고 헛되니 모든 것이 헛되다' 고 강조해서 가르치고 있는데, 이것은 아가서에 대한 필수적인 서론이 된다. 아가서는 참된 축복과 만족을 어떻게 해야 소유할 수 있는가를 보여준다. 이와 마찬가지로 요한복음 4장에 나오는 우리 구주의 가르침은 말하자면 땅에 속한 것들이 계속적인 만족을 주기에는 무기력함을 지적해 주는데, 성령이 임재하심으로써 나오는 축복의 샘물과는 아주 대조를 이루고 있다.

성령님의 사역은 자신이 아니라 그리스도를 영혼의 신랑으로 계시하는데 있다. '이 물을 마시는 자마다 다시 목마르려니와 내가 주는 물을 마시는 자는 영원히 목마르지 아니하리니 나의 주는 물은 그 속에서 영생하도록 솟아나는(흘러넘치고 또 넘치는) 샘물이 되리라' (요한복음 4 : 13~14).

아가서를 6부로 나누어 생각하는 것이 도움이 될 것이다.

1부   불만족한 생활과 그 치료(1 : 2~2 : 7)
2부   깨어진 친교 － 회복(2 : 8~3 : 5)
3부   깨어지지 않은 친교(3 : 6~5 : 1)
4부   다시 깨어진 친교 － 회복(5 : 2~6 : 10)
5부   인정받은 연합의 결실(6 : 11~8 : 4)
6부   억제되지 않은 친교(8 : 5~14)

각 부의 화자(話者)는 신부이거나 신랑이거나 예루살렘의 딸들임을 알게 된다. 몇몇 귀절에서는 다른 결론에 이를 수도 있으나, 보통 화자를 확인하는 것은 그리 어렵지 않다. 신부는 신랑을 '나의 사랑하는 자'라 부르고 신랑은 신부를 '내 사랑'이라고 부르는 반면, 예루살렘 여자들이 부르는 호칭은 아주 여러가지가 있다. 1부에서 4부까지는 신부를 여인 중에 어여쁜 자라고 지칭하지만 5부에서는 술람미 여인이나 왕의 신부 그리고 귀한 자의 딸이라고 부른다.

아가서를 공부하려면 성경에 적절한 표시를 하는 것이 도움이 될 것이다. 가로로 한 줄을 그어 각 화자의 노래를 표시하고 두 줄을 그어 각 부를 나누면 도움이 될 것이며, 또한 여백에 세로로 줄을 그어 화자를 표시하는 것도 도움이 된다. 세로로 한 줄을 그을 때에는 신부의 노래를 포함하는 귀절들을 나타내는 것으로 하고, 세로로 두 줄은 신랑의 노래를, 세로로 물결 모양의 줄은 예루살렘 여자들의 노래를 표시하기로 하자.

1부와 2부에서는 신부가 주요 화자이고 그녀가 너무 자신에게 빠져있음을 알게 될 것이다. 그러나 3부에서는 친교가 깨어지는데, 여기서는 그녀가 말이 없이 듣는자로 나타난다. 반면에 예루살렘 여자들이 긴 노래를 부르며, 신랑은 가장 긴 노래를 부른다. 여기서 처음으로 신랑은 그녀를 자기 신부라 부르며 그녀를 봉사의 교제로 이끌어 들인다.

4부에서는 신부가 다시 주요 화자가 되지만, 회복된 후에는 신랑이 길게 노래하며, '꾸짖지 않는다.' 5부에서는 앞에서 본바와 같이 신부는 더 이상 '여인 중에 어여쁜 자'로 불리지 않고 스스로 왕의 신부로 자처하며 그렇게 인정받는다. 6부에서 신랑은 그녀가 약혼 때 부터가 아니라 태어나면서부터 자기의 신부라고 주장하고 있는데, 에스겔 16장에서 하나님이 이스라엘에게 주장하고 계신 것과 같다.

> 그가 계신 은밀한 곳으로
> 얼마나 나의 영혼은 기뻐하며 숨는지!
> 오, 얼마나 소중한가
> 내 예수님 곁에서 배운 그 가르침이여!
> 세상 염려 나 흔들지 못하고
> 시험이 와도 낙심치 않네
> 사탄이 와서 흔들려 하면
> 나 그 은밀한 곳으로 갈터이니.

표 제

"솔로몬의 아가라"

이 책을 노래 중의 노래라고 부른 것은 너무나 당연하다! 이와같은 노래는 다시 없다. 쭉 읽어가노라면 하늘이 땅보다 높음 같이 땅에 속한 기쁨과는 비길데 없는 즐거움이 마음에 찾아든다. 이것은 은총만이 가르칠 수 있고 체험으로만 배울 수 있는 노래라고 한 것은 맞는 말이다. 우리 주님께서는 포도나무와 가지의 연합을 말씀하시며, 이어서 '내가 이것을 너희에게 이름은 내 기쁨이 너희 안에 있어 너희 기쁨을 충만하게 하려함이니라'고 하셨다.

사랑하시던 제자도 태초부터 계시던 이, 아버지와 함께 계시던 이, 우리로 하여금 그가 누리시는 교제를 함께 나누도록 우리에게 나타나신바 된 이를 이야기하면서, 역시 말하기를 '이것을 기록함은 너희 기쁨이 충만케하려 함이니라'고 한다. 그리스도와의 연합, 그리스도 안에 거함, 여기서 보장되지 못하는 것이 무엇이겠는가?

화평, 완전한 화평; 안식, 영원한 안식; 모든 기도의 응답; 모든 원수들에 대한 승리; 거룩한 생활; 차고 넘치는 결실. 이 모두가 모두 그리스도 안에 거함으로써 얻어지는 즐거운 소산이다. 이 연합을 깊게 하고 언제나 그 안에 거하도록 하는 것이 이 소중한 책의 실제적인 용도이다.

1부

불만족한 생활과 그 치료
아가서 1 : 2~2 : 7

2~7절의 話者가 신부임을 인식하는데는 어려움이 없다. 이 말들은 죄와 허물로 죽은 자의 것이 아니다. 그런 자에게는 주님이 마치 마른 땅에서 나온 순과 같아서 모양도 없고 흠모할만한 것도 없다. 화자는 눈을 열어 그분의 아름다움을 바라본 후 더욱 그분의 사랑을 누렸으면 하고 갈망하고 있다.

내게 입 맞추기를 원하니 네 사랑이 포도주보다 나음이로구나.

이렇게 되어야 한다는 것은 당연하다. 이것은 영혼에 속한 은혜의 생활이 발전되는 특징적인 단계를 이루고 있다. 그리고 이 기록된 체험은 말하자면 인식할 수 있도록 나타나는 그분의 임재에 대한, 다시 말해서 인식할 수 있도록 전달되는 그분의 사랑에 대한 갈망을 보여주는 신적 보증이다.

그녀가 항상 이와 같지는 않았다. 한때 그녀는 그분이 없더라도 만족했었는데, 다시 말해서 다른 모임이나 다른 일에 몰두해도 충분했는데, 이제는 결코 다시 그렇게 될 수 없다. 세상이 한때 그녀에게 그랬던 것처럼 결코 그렇게 될 수는 없다. 약혼한 신부는 자기 주님을 사랑하는 것을 배웠고, 그분과의 만남이 아닌 다른 것으로는 그녀를 만족시킬 수 없다.

그분의 방문은 일시적이고 짧지만 소중히 여기는 시간이다. 그 중간에는 기억을 소중히 마음에 품고 반복되기를 갈망한다. 그분의 부재 중에는 참된 만족이 없으나, 안타깝게도 그분이 항상 그녀와 함께 있는 것은 아니다. 그분은 왔다 가신다. 현재 그분에 대한 그녀의 기쁨은 미치지 못하는 하늘과 같아서 이내 그분의 임재를 갈망하고 또 헛되이 갈망하고 있다. 항상 굽이치는 조수와 같이 그녀의 체험은 밀려왔다 밀려 갈 것이다. 차라리 불안한게 예사고 만족한게 예외일 것이다.

이를 어찌하면 좋은가? 계속 이대로 있어야 되는가? 그저 애타게 만들려고 이 끝수 없는 갈망을 창조하셨고, 창조하셨을 거란 말인가? 사실이 이와같다면 정말 이상할 것이다. 그런데도 습관적으로 이에 일치하는 경험을 겪는 많은 주의 백성들이 있지 않은가?

그들은 안식과 그리스도 안에 거하는 기쁨을 알지 못하고, 어떻게 해야 그것에 이르게 되는지 알지 못하여 왜 그것이 그들의 것이 되지 못하는지도 알지 못한다. 처음으로 언약을 맺은 그 즐거운 순간을 뒤돌아 보며, 그때 지녔던 것보다 더 부요한 기업을 그리스도 안에서 발견하기는 커녕 첫사랑을 잊어버렸음을 깨닫고, 자기의 경험을 슬픈 애가로 표현할 사람이 얼마나 많은가?

내 알던 축복은 어디로 가고,
내 언제 주님을 처음 만났던가?

그리고 첫사랑을 잊어버리지는 않았을지라도, 세상이 점점 물러가고 그분이 점점 다가오면서 때로 친교가 중단되면 점점 더 참을 수 없게 됨을 느끼는 사람도 있을 것이다. 그분이 없으면 어쩌나 고통스러운지. "'오 어디가야 그분을 만나는지 알 수만 있다면!……' '내게 입맞추기를 원하니 네 사랑이 포도주보다 나음이로구나' 그분의 사랑이 나의 것보다 더 강하고 한결같으며, 절대로 그 얼굴의 광채를 거두시지 않았으면 좋으련만!"

얼마나 잘못된 생각인가! 만족을 기다리고 갈망하는 그대의 사랑보다 더 강한 사랑이 있다. 신랑은 언제까지나 그대를 기다리고 계시며, 그분의 오심을 방해하는 조건은 모두 그대 자신이 만든 것이다. 그분 앞에서 있어야 할 곳에 서라. 그러면 그분은 아주 속히 그리고 기꺼이 '그대의 가장 깊은 갈망을 만족시키며, 그대의 모든 궁핍을 채우며 공급하실' 것이다.

자신의 기만과 자기의지로 자신의 기쁨의 완성뿐 아니라 자기에게 마음을 주신 분의 기쁨의 완성까지도 방해하는 약혼자를 어떻게 생각해야 좋을까? 그가 없으면 결코 안식하지 못하면서도 그녀는 그를 완전히 신뢰하지 못하며 자신의 행복을 위해서 없어서는 안될 그분에게 자신의 이름과 자신의 권리와 소유, 자신의 의지를 포기할 마음이 없는 것이다. 그녀는 자신을 완전히 그분에게 포기하지 않으면서도 그분을 완전히 요구할 수 밖에 없는 것이다.

그러나 결코 이렇게 될 수는 없다. 그녀가 자신의 이름을 고집하는 동안에는 결코 그의 것을 요구할 수 없다. 그리고 그녀가 순종하기로 약속하지 않는다면 사랑하고 영광을 돌리기로 약속하지 않는게 될 것이며, 그녀의 사랑이 복종의 경지까지 이르기 전에는 불만족한 여인으로 남아있어야 한다. 다시 말해서 그때까지는 만족한 신부로서 남편의 집에서 안식을 얻을 수 없다. 그녀가 자신의 의지를 고집하고 자신의 소유를 좌지우지하고 있는 동안에는 자기 재주를 가지고 살아가는 것으로 만족해야 한다. 즉 그분의 것을 요구할 수 없다.

자신을 전적으로 그분께 포기하는 것을 주저하게 만들고, 내 힘에 부치는 일을 요구하시지나 않을까, 내가 내놓거나 행하기에는 힘들게 마련인 어떤 것을 요청하시지나 않을까 두려워하는, 사랑하시는 우리 주님께 대한 깊이 뿌리박은 불신보다 인간의 타락의 범위와 실재를 더 비극적으로 보여주는 증거가 있을 수 있을까? 사실 불만족한 생활의 비밀은 십중팔구 복종치 않은 의지에 있다.

　그렇다면 이것은 얼마나 미련하고 또 잘못된 생각인가! 우리가 그분보다 더 지혜롭다고 여기는가? 아니면 자신에 대한 우리의 사랑이 그분의 사랑보다 더 너그럽고 강하다는 것인가? 아니면 우리가 그분보다 더 자신을 잘 알고 있다는 것인가? 우리의 불신이 우리를 위해 질고를 아는자가 되셨던 그분의 인자하신 마음을 얼마나 근심케하고 거듭거듭 상처를 입히곤 하는가!

　이 세상의 신랑이라도 자기 신부감이 남자가 완력을 휘둘러서 견딜 수 없게 만들지나 않을까 두려워한 나머지 결혼하려 하지 않는다는 사실을 안다면 느낌이 어떠하겠는가? 그런데도 얼마나 많은 주님의 구속받은 자들이 바로 이와같이 그분을 대하고 있는가! 그들이 행복하지도 만족하지도 못하다는 것은 이상할게 없다!

　그러나 참된 사랑은 정지될 수 없다. 후퇴하거나 전진하게 마련이다. 우리 가엾은 마음들이 가진 쓸데없는 모든 두려움에도 불구하고 하나님의 사랑은 정복하도록 되어있다. 신부는 외친다.

> 네 기름이 향기로와 아름답고
> 네 이름이 쏟은 향기름 같으므로
> 처녀들이 너를 사랑하는구나

　대제사장에게 붓는 것과 같은 기름은 없다. 우리 신랑되신 분은 왕인 동시에 제사장이시다. 두려움에 떠는 신부는 두려움을 모두 떨쳐버릴 수는 없으나, 불안과 갈망을 견딜 수 없게 되어 모두 복종하기로 결정하고 어찌 되든지 내어맡기게 된다. 그녀는 바로 자기 자신을 그분께 포기하려 한다. 마음과 손, 힘과 소유를 모두. 그분의 부재보다 더 견딜 수 없는 것은 있을 수 없다! 만약 그분이 또 다른 모리아나 심지어 갈보리로 인도하실지라도 그녀는 따라갈 것이다.

> 너는 나를 인도하라 우리가 너를 따라 달려가리라.

　그런데 놀랍게도 어떤 일이 일어나는가? 너무도 놀랍고 즐거운 일

이, 모리아나 갈보리가 아니라 정반대로 왕이 나타나신 것이다! 마음
을 바칠 때 예수께서 다스리신다. 그리고 예수께서 다스리실 때, 안
식이 있다.

그러면 그분은 자기 신부를 어디로 인도하시는가?

왕이 나를 침궁으로 이끌어 들이시니

먼저 잔치집으로 간게 아니다. 이것은 적절한 때 이루어질 것이다.
먼저 홀로 그분과 함께 있게 하셨다.

얼마나 완전한가! 사랑하는 자를 사람들과 함께 만나는 것으로 만
족할 수가 있겠는가? 아니다. 한쪽으로 데려가서, 둘만의 시간을 가
지기 원한다. 우리 주님도 마찬가지시다. 이제 완전히 봉헌된 자기
신부를 한쪽으로 데려가셔서, 놀라우신 사랑의 성스러운 정분을 맛보
고 누리려 하신다. 교회의 신랑되신 분은 교회가 그분과의 교제를 갈
망하는 것보다 더 자기 백성과의 친교를 갈망하시며, 때로 외칠 수
밖에 없다.

나로 네 얼굴을 보게 하라 네 소리를 듣게 하라
네 소리는 부드럽고 네 얼굴은 아름답구나

우리는 모두 그분의 기쁨이나 즐거움보다는 자신의 필요때문에 그
분을 구하기 쉽지 않은가? 이렇게 되어서는 안된다. 부모로부터 얻
어낼 수 있는 것만 생각하고 자기가 줄 수 있는 기쁨이나 드릴 수 있
는 효도에 대해서는 마음을 쓰지 않는 이기적인 자녀들을 칭찬하는
법은 없다.

그런데 우리는 하나님을 기쁘시게 해드리는 일이 그분에게 기쁨을
드리는 일을 의미한다는 것을 잊어버리는 위험에 있지 않은가? 우리
들 가운데는 '하나님을 기쁘시게 해드린다'는 말이 그분께 대항해서
죄를 짓지 않는다거나 그분을 근심하게 하지 않는다는 것 이상을 의
미하지 않았던 시절을 돌이켜 보는 사람들이 있다.

그러나 세상 부모의 사랑이라도 단순한 불순종의 부재에 만족하겠는가? 혹은 신랑이 자기 신부가 자기 필요를 제공해 주기만을 구한다면 만족하겠는가?

여기서 아침기도에 대한 말을 꺼낸다는 것은 맞지 않는다고 여길지 모른다. 예수님께만 드리는 이른 시간 만큼 유익하게 보내는 시간은 없다. 이 시간에 대해 충분히 마음을 쓰고 있는가? 가능하다면 그 시간을 구속해야 한다. 이것과 맞바꿀 수 있는 것은 아무것도 없다. 시간을 거룩하게 구별해야 한다.

또 하나는 우리가 하나님께 문제를 안고갈 때 혼히 다른 간구를 계속해 버리거나 응답을 기다리지 않고 기도실을 나오지는 않는가? 이것은 거의 응답을 기대하지도 않고 바라지도 않는다는 것을 나타낸다고 생각지 않는가? 우리가 그런 취급을 받는다면 좋아하겠는가? 하나님 앞에서 잠잠히 기다림이 많은 오류와 숱한 슬픔으로부터 구출해줄 것이다.

우리는 신부가 자기가 기피했던 십자가가 아니라 왕, 그녀의 왕을 즐겁게 발견하는 것을 보았다. 이것이 그녀의 헌신의 첫 열매이다.

> 우리가 너를 인하여 기뻐하며 즐거워 하리니
> 네 사랑이 포도주에서 지남이라
> 처녀들이 너를 사랑함이 마땅하니라

이에 못지 않게 중요한 또 하나의 발견이 그녀를 기다린다. 그녀가 왕의 얼굴을 바라보자 떠오르는 태양이 어둠 속에 감추인 것들을 비쳐주는 것처럼 그 봄의 빛은 자신이 검다는 것을 그녀에게 보여주었다. '아 나는 검다'고 그녀는 외친다. '그러나 아름답다'고 신랑이 비길데 없는 은혜와 인자를 가지고 말문을 막는다. '아닙니다. 게달의 장막처럼 검습니다'라고 그녀가 계속해서 말한다. '그와 같을지라도 솔로몬의 휘장과도 같구나!' 신랑의 응답이다.

주님과의 성스럽고 내밀한 친교만큼 영혼을 겸손하게 하는 것은 없

다. 그렇지만 그분이 모든 것을 아시며, 그럼에도 불구하고 여지껏
나를 사랑하신다는 것을 느낄 때 말로 할 수 없는 기쁨이 있다. 예전
에는 거의 관심조차 없었던 일들이 은밀한 그분의 임재 속에서 이제
는 새로운 눈으로 보여진다. 여기서 우리는 잘못을, 우리 자신의 포
도원을 지키지 못한 죄를 보게된다. 이것을 신부는 고백한다.

> 내가 일광에 쬐어서 거무스름할찌라도 흘겨보지 말·것은
> 내 어미의 아들들이 나를 노하여 포도원지기를 삼았음이니라
> 나의 포도원은 내가 지키지 못하였구나

여기서 눈을 돌려 오늘날 특히 만연되고 있는 위험성을 보기로 하
자. 우리 시대의 맹렬한 활동은 일하는데는 열심을 내게 할지 모르나,
인격적인 친교를 경시하게 한다. 이러한 경시 때문에 봉사의 가치가
저하될 뿐 아니라, 가장 귀한 봉사를 할 수 없게 되는 경향이 있다.

다른 사람의 영혼을 위해 애쓴 나머지 자신의 영혼을 경시한다면
다시 말해서 형제 눈속에 있는 티끌을 빼려고 하면서도 자기 눈 속에
있는 들보는 개의치 않는다면, 자신이 형제들을 돕는데 무기력 하다
는 것에 실망하게 될 것이며, 한편 우리 주님도 우리에 대해 적지 아
니 실망하시게 될 것이다.

우리가 어떠한 사람인가 하는 것이 우리가 무엇을 하고 있느냐 하
는 것보다 더 중요하고, 그리스도 안에 거하지 않을 때 맺은 모든 열
매는 육신의 열매이지 성령의 열매는 될 수 없다는 것을 결코 잊지
말도록 하자. 상처를 치료해도 흔히 흉터가 남듯이, 친교를 경시하는
죄는 용서받을 수 있으나, 그 결과는 언제나 남아있다.

그러면 신부가 그녀의 주님과 실제로 마음이 연합된 아주 행복한
증거를 보기로 하자. 그녀는 선한 목자되신 분과 하나이다. 그녀의
마음은 즉시 반사적으로 양떼를 먹이는 곳으로 나아간다. 그런데 그
녀의 영혼은 사랑하는 분의 발자취를 따라갈 것이며, 홀로 수고하는
일도 없고 그분이 아닌 다른 사람과 동반하지도 않을 것이다.

내 마음에 사랑하는 자야
너의 양떼 먹이는 곳과 오정에 쉬게 하는 곳을 내게 고하라.
내가 네 동무 양떼 곁에서
어찌 얼굴을 가리운 자 같이 되랴

그녀는 그분의 종들의 모임을 그들의 주인되신 분의 모임으로 오인
하지 않을 것이다.

여인 중에 어여쁜 자야·네가 알지 못하겠거든
양떼의 발자취를 따라
목자들의 장막 곁에서 너의 염소 새끼를 먹일찌니라

이것은 예루살렘 여자들의 말이며, 신부의 의문에 대한 정확한 답
을 해주고 있다. 그분의 양떼를 먹임으로써, 그분의 어린양들을 보살
핌으로써(요 21 : 15～17을 보라) 주님께 대한 그녀의 사랑을 나타
내도록 한다.

그녀에게는 그분의 임재를 잃어버릴까바 두려워할 필요도 없다. 다른
목자들과 함께 그분의 양떼를 보살피고 있는 동안 목자장되신 분이
자기 곁에 계심을 발견하게 될 것이며, 그분이 인정하신다는 보증을
얻게 될 것이다. 예수님을 위한 봉사일 뿐 아니라 예수님과 함께 하
는 봉사가 될 것이다.

그러나 예루살렘 여자들의 응답보다 훨씬 더 달콤한 것은 신랑의
음성인데, 드디어 스스로 입을 여셨다. 그분의 사랑이 9～11절에 있
는 기쁨의 토로와 함께 터져 나오도록 만든 것은 그녀의 마음이 그분
과 하나가 된 산열매이다.

주님께 대한 우리의 사랑이 그분의 양떼를 먹이는데서 스스로 나타
난다고 하는것도 사실이지만, 이 땅에 계실 때 '너희가 여기있는 내
형제 중 지극히 작은 자에게 한 것이 곧 내게 한 것이라'고 말씀하
셨던 분이 그분 마음 속에 사랑이 넘쳐서 자기를 섬기는 자들에게 특
별히 자신을 계시하시는 일이 드물지 않다는 것도 사실이기 때문이다.

9절에 있는 신부의 칭송은 놀랍도록 적절하고 아름다운 것 중의 하나이다.

> 내 사랑아, 내가 너를
> 바로의 병거의 준마에 비하였구나

말은 원래 애굽에서 나왔고, 아직도 아라비아에서 발견되는 순종 종자말을 솔로몬 당시에 상인들이 동방의 모든 왕들을 위해 가져왔다는 것을 기억할 것이다. 바로가 타는 병거를 위해 선택된 것들은 가장 순수한 혈통이고 골격과 몸매가 완전할 뿐 아니라, 완전히 훈련받아서 유순하고 말을 잘 듣는다.

이들은 모는 사람의 뜻 이외에 다른 뜻이 없고, 그들의 존재의 유일한 목적은 왕이 어디로 가기를 원하든지 그를 모시는 일인 것이다. 그리스도의 교회도 이처럼 되어야 한다. 많은 지체가 있으나 한몸이고, 한 성령이 거하시며 인도하시고, 머리되신 분을 모시고 그분의 뜻 이외에는 다른 생각이 없어야 한다. 교회의 신속하고 조화로운 움직임으로 그분의 왕국이 전세계에 걸쳐 흥왕하도록 해야 한다.

여러해 전에 절친한 친구 한 사람이 동양에서 육로를 통해 돌아오면서 수에즈에서 카이로까지 그 당시 운행되던 털털거리는 역마차를 타고 여행한 적이 있었다. 정지한 마차에 승객들이 자리를 잡고 앉은 다음 약 열 두 마리나 되는 어린 야생마를 줄로 마차에 묶어 채우고 마부가 자리에 앉아 채찍을 휘두르자 말들이 길길이 날 뛰면서 어떤 것은 오른쪽으로 어떤 것은 왼쪽으로 어떤 것은 앞으로 내딛자 마차가 쿵 하면서 출발했다가 갑자기 멈추는 바람에 앞쪽에 앉았던 사람들이 쓰러지면서 뒷사람들의 무릎 위로 떨어졌다가 반대로 뒷사람들이 앞으로 쏠려 떨어지곤 했다는 것이다.

옆에서 지나가던 아랍인들이 달려들어서 이 난폭한 짐승들이 곧바로 나아가도록 도와주었지만 승객들은 밀치고 당기고 깨지고 흔들린 나머지 목적지에 도착했을 때는 너무 피곤하고 몸이 쑤셔서 정말 쉬고 싶었지만 쉴 수가 없었다는 것이다.

오늘날 하나님의 교회가 바로의 병거의 말들보다는 이 훈련되지 못한 말들을 닮지 않았을까? 그리고 자기 의지와 불화가 교회안에 자리잡고 있는 한 세상이 아직 악한자의 손에 있고, 수많은 이방나라들을 거의 손대지 못한다고해서 이상하게 여길 수 있겠는가?

비유를 바꾸어서 신랑은 계속한다.

> 네 두 뺨은 땋은 머리털로
> 네 목은 구슬 꿰미로 아름답구나
> 우리가 너를 위하여 금사슬을
> 은을 박아 만들리라

주님께서 보시기에 신부는 아름답고 유용할 뿐 아니라, 몸치장도 하게 되며 그녀에게 몸치장을 더해주는 것이 그분의 즐거움이다. 그분의 선물은 시드는 꽃이나, 실제 가치가 없는 장신구가 아니다. 정금과 순은, 그리고 가장 소중하고 영구적인 보석이 왕되신 신랑이 자기 배우자에게 주는 선물이다. 그리고 이것들이 그녀의 머리에 드리우게 되자 이것을 수여한 그분의 기쁨은 더욱 커진다.

12~14절에서 신부가 응답한다.

> 왕이 상에 앉았을 때에
> 나의 나도 기름이 향기를 토하였구나

우리 안에 있을 수 있는 향기나 아름다움이 무엇이건, 풍겨나는 것은 그분의 임새이며 그 은혜를 통해서이다. 은혜로우며 신적인 모는 것은 그 근원으로서 그분께 속하고, 그 도구로서 그분을 통해서 나오며, 그 목표로서 그분께 대한 것이다. 그러나 그분의 은혜가 우리 속에 역사하는 모든 것들보다 그분 자신이 더 좋다.

> 나의 사랑하는 자는 내 품 가운데 몰약 향낭이요
> 나의 사랑하는 자는 내게 엔게디 포도원의

고벨화 송이로구나

우리 눈은 그분의 아름다움으로 가득하고 우리마음은 그분 생각으로 가득찰 때가 좋다. 이것이 우리에게 사실인 것만큼, 그분의 넓으신 마음은 우리로 가득차 있다는 이면적 진리를 인식하게 될 것이다.

내 사랑아 너는 어여쁘고 어여쁘다
네 눈이 비둘기 같구나

자신이 '계달의 장막같이 검다'는 것을 깨닫고 있는 그녀에게 어떻게 신랑은 이와같은 말을 진실되게 사용할 수 있는가? 그런데 4 : 7에 있는 신랑의 말은 이보다 훨씬 더 강렬하다.

나의 사랑 너는 순전히 어여뻐서 아무 흠이 없구나

우리는 이 난점의 해결책을 고린도후서 3장에서 찾게 될 것이다. 모세가 하나님의 영광을 묵상하는 가운데 변화되자 이스라엘 백성들이 그 얼굴의 영광을 바라볼 수가 없었다. "우리가 모두 벗은 얼굴로 거울과 같이 주의 영광을(바라보고) 반사하여 동일한 형상으로 영광에서 영광으로, 마치 주 성령으로부터 나온 것처럼 변화될 것이다" (즉 그의 영광으로부터 취한 광채가 우리를 영광으로 변화시킨다).

모든 거울에는 양면이 있다. 한쪽면은 흐리고 반사가 안되며 흠집 투성이다. 그러나 반사하는 면이 완전히 우리를 향하게 될 때 흠집이 하나도 없고 자신의 형상을 보게 된다. 이처럼 신부가 신랑의 아름다움으로 즐거워하는 동안에, 그분은 그녀 안에서 자신의 형상을 바라본다. 그 안에는 흠집이 하나도 없다. 모두가 어여쁘다. 항상 이런 모습을 그분의 눈앞에 그리고 바로 그분을 반사하기 위한 목적으로 우리가 살아가는 세상에 대해 보여준다면 좋겠다.

그분의 말씀을 다시 주목해 보라.

네 눈은 비둘기 같구나.

아니면

　　너는 비둘기 눈을 가졌구나

　매는 아름다운 새이고 아름다운 눈을, 빠르고 날카로운 눈을 가지고 있다. 그러나 신랑이 신부에게서 바라는 것은 매의 눈이 아니다. 순진무구한 비둘기의 부드러운 눈이 그분이 탄복하는 눈이다. 세례받으실 때 성령께서 그분 위에 비둘기같이 임하셨고, 자기 백성들 각 사람에게 그분이 구하시는 것도 비둘기같은 성품이다.

　다윗에게 성전건축이 허락되지 않은 이유는 매우 의미심장한 것이다. 그의 생애는 완전과는 거리가 멀었다. 그리고 그의 잘못과 죄악은 성령에 의해 진실 그대로 기록되어졌다. 이것들이 그에게 징벌을 몰고왔지만, 그로 하여금 성전 건축에 무자격자로 만든 것은 이것들 중 어느것이 아니라, 그보다는 그의 호전적인 정신이었다. 더구나 전부는 아니지만 그가 치른 많은 전쟁이 하나님의 왕국의 수립과 아브라함과 이삭과 야곱에게 주신 약속의 성취일지라도. 평화의 왕인 솔로몬만이 성전을 건축할 수 있었다.

　만약 우리가 영혼을 구원하는 자가 되고, 그분의 성전인 교회를 세우려 한다면 이 점에 주목하도록 하자. 즉 논의나 논쟁에 의해서가 아니라 그리스도를 높임으로써 사람들을 그에게 이끌어 갈 것이다.

　그러면 신부의 응답으로 넘어가자. 그분은 그녀를 어여쁘다고 불렀다. 슬기롭고 적절하게 그녀는 응답한다.

　　나의 사랑하는 자야, 너는 어여쁘고 화창하다.
　　우리의 침상은 푸르고
　　우리 집은 백향목 들보
　　잣나무 석가래로구나
　　나는(단지) 샤론의 수선화요
　　골짜기의 백합화로구나

마지막 말은 종종 신랑의 발언인 것처럼 인용되지만, 이것은 잘못이라고 믿는다. 신부는 사실상 "당신은 나를 어여쁘고 화창하다고 하나, 어여쁘고 화창한 것은 당신이며, 나는 단지 야생꽃, 키도 작고 냄새조차 없는 샤론의 찔레꽃(즉 가을 크로커스) 아니면 계곡의 백합화일 뿐이라"고 말한다.

이에 대해 신랑이 응답한다. "그렇지만 야생꽃일지라도,

> 여자들 중에 내 사랑은
> 가시나무 가운데 백합화 같구나"

다시 신부가 응답한다.

> 남자들 중에 나의 사랑하는 자는
> 수풀 가운데 사과나무(시트론) 같구나
> 내가 그 그늘에 앉아서 심히 기뻐하였고
> 그 실과는 내 입에 달았구나

시트론(레몬 비슷한 식물)은 아름다운 상록수로, 맛이 싱그러울 뿐 아니라 시원한 그늘을 드리워준다. 자신은 보잘것 없는 야생꽃이지만, 자기 신랑은 멋있고 열매가 주렁주렁 달리는 기품있는 나무라고 인정한다. 작열하는 태양으로부터 그늘을, 신선함과 안식을 그분 안에서 발견한다. 처음 1부가 시작될 때의 상황과 지금 그녀의 위치와 느낌이 얼마나 대조가 되는가? 그분은 그녀가 가진 모든 두려움의 원인을 너무 잘 아셨다.

그녀의 불신이 그분에 대한 무지에서 나왔으므로, 그분은 그녀를 한쪽으로 데려가셨고, 서로 사랑을 나누는 달콤하고 지밀한 관계 속에서 그녀가 가진 두려움과 불신은 떠오르는 태양 앞의 아침안개처럼 사라져버렸다.

그런데 이제는 목하 그분을 배워 알게 되었고, 나아가 새로운 사랑의 경험을 하게 된다. 그분은 공적으로 그녀를 인정하기를 부끄러워

아니하신다.

> 그가 나를 인도하여 잔치집에 들어갔으니
> 그 사랑이 내 위에 기로구나

 왕의 침상이 좋았던 것처럼 이제는 잔치집이 어울린다. 두려움도
부끄러움도 없이 그녀는 그분의 인정받은 배우자로서, 그분이 선택한
신부로서 그분 곁에 앉을 수 있다. 그분의 사랑에 묻혀서 그녀는 부
르짖는다.

> 너희는 건포도로 내 힘을 돕고 사과로 나를 시원케 하라
> 내가 사랑하므로 병이 났음이니라
> 그가 왼손으로 내 머리에 베개하고
> 오른손으로 나를 안는구나

 이제 그녀는 소유되고 있다는 축복을 발견한다. 더 이상 자신의 것
이 아니고, 마음의 안식은 그녀의 권리인 동시에 그녀가 누리는 것이
다. 마찬가지로 신랑도 안식을 원할 것이다.

> 예루살렘 여자들아
> 내가 노루와 들사슴으로 너희에게 부탁한다.
> 내 사랑이 원하기 전에는
> 흔들지 말고 깨우지 말찌니라

 그분 안에 있는 우리의 안식이 깨어지는 것은 결코 그분의 뜻에 의
해서가 아니다.

> 원한다면 예수님 곁에서
> 항상 머물러도 좋으리
> 은밀한 그의 임재 속에
> 매 순간 숨어도 좋으리

 그 분의 사랑에는 변화가 없다. 그분은 어제나 오늘이나 영원토록

동일하시다. 우리에게 약속하시기를, '내가 결코 너희를 떠나지 않고
잃어버리지 않고 버리지 않으리라'고 했고 그 진지한 권면과 명령은
'내 안에 거하라. 그리하면 너희 안에 거하리라'는 것이다.

2부

깨어진 친교 – 회복

아가서 2:8~3:5

"그러므로 모든 들은 것을 우리가 더욱 간절히 삼갈
지니 혹 흘러 떠내려 갈까 염려하노라"

(히브리서 2:1)

1부가 끝나면서 신부가 사랑하는 분의 품 안에서 만족한 채 안식을 누리는 것을 보았고, 그분은 자기 신랑이 기뻐하기 전에는 흔들지 말고 깨우지 말라고 예루살렘 여자들에게 부탁했다. 당연히 그렇게 완벽한 연합, 그렇게 충분한 만족이 행복한 신부 편의 잘못으로 중단되는 일이란 결코 없으리라고 생각할지 모른다.

그러나 안타깝게도 대부분 우리들의 체험은 얼마나 쉽게 그리스도와의 친교가 깨어지며, 참으로 참된 포도나무의 가지들이요 그분이 하신 말씀으로 정결케 된 자들에게 그분 안에 거하라는 우리 주님의 권고가 얼마나 필요한가를 보여준다. 잘못은 결코 그분 편에 있지 않다. '보라, 내가 항상 너희와 함께 있으리라' 그러나 안타깝게도 신부는 시편 45편에서 말씀하신 권고를 종종 잊어버린다.

딸이여 듣고 생각하고 귀를 기울일찌어다

네 백성과 아비 집을 잊어버릴찌어다
그리하면 왕이 너의 아름다움을 사모하실찌라
저는 너의 주시니 너는 저를 경배할찌어다

2부에서는 신부가 축복받은 위치를 떠나 세속적인 상태로 되돌아
가 있다. 아마도 그녀가 새로 발견한 기쁨이 주는 지극한 안식이 그
녀로 하여금 너무 안일하게 느끼도록 만든 것같다. 필시 그녀는 자신
에 관한 한 '어린애들아 우상을 조심하도록 하라'는 권고가 전혀 필
요없다고 생각했을 것이다.

아니면 세상에 대한 사랑이 철저하게 사라졌으므로 완전하게 되돌
아 가서 자기 편에서 약간 타협함으로써 친구들도 주님을 따르게 할
수 있다는 생각을 했을지 모른다. 필시 생각을 거의 안 해본 것같다.

구원받아 해방된 기쁨으로 이 세상이 흘러가는 풍조가 그녀와 정
반대라는 것을 잊었고, 무의식 중에 미끄러져서 자기가 부르심을 받
은 그 자리로 되돌아왔으면서도 내내 넘어지고 있다는 것을 깨닫지
못한다. 물결이 반대로 흐른다고 해서 떠내려 가려고 뱃머리를 물줄
기를 따라 돌린다거나, 경주자가 경주에서 상을 잃어버리기 위해 뒤
돌아 갈 필요는 없다.

아, 원수들이 이런 수단 저런 수단을 동원해서 믿는자들로 하여금,
그 속에서만 그의 충만하신 능력과 사랑이 체험될 수 있는, 그리스도
에 대한 전적인 헌신의 위치에서 떠나도록 유혹하는데 너무나 속히
성공하고 있다. 그의 충만하신 능력과 사랑이라고 했다. 믿는자들이
주님 사랑하기를 중단하지 않을 수도 있기 때문이다.

우리 앞에 있는 귀절에서 신부는 전적으로 사랑하지는 않는다 할지
라도, 아직도 그분을 진실로 사랑하고 있다. 그녀가 더 이상 즉각적
인 순종을 표하지 않는다 할지라도 느낌이 없지 않은 그분의 말씀 속
에는 아직 능력이 있다. 얼마나 그녀가 주님께 잘못하고 있으며, 주
님과의 사이를 분리하는 담이 얼마나 절박한가를 거의 깨닫지 못한다.
그녀에게 세속적이란 대수롭지 않은 것으로 여겨진다. 셀 수 없을 만

큼 여러가지로 세상과 짝하는 미련함과 위험과 죄악을 말하고 있는 하나님의 말씀 중 많은 귀절에 나오는 엄숙한 진리는 깨닫지 못하였다.

> 세상과 그 안에 있는 것들을 사랑하지 말라 누구든지 세상을 사랑하면 아버지의 사랑이 그 안에 있지 아니하느니라.
> 너희 간음하는 자들아 세상과 짝하는 것이 하나님과 원수가 되는 줄 알지 못하느냐? 그러므로 누구든지 세상과 짝하면 스스로 하나님과 원수되는 것이니라.
> 믿지 않는 자들과 멍에를 함께 하지 말라 의와 악이 어찌 짝하겠으며 빛과 어두움이 어찌 사귐이 있겠느냐 그리스도와 벨리알이 어찌 하나가 되겠으며, 믿는자들이 믿지 않는 자들과 무슨 기업이 있겠느냐 그러므로 그들 가운데서 나와 분리하라 주께서 말씀하시니라.
> 그런즉 부정한 물건에 손대지 말라 그리하면 내가 너희를 받을 것이요 너희에게 아비처럼 될 것이요 너희는 내게 아들과 딸처럼 되리라 전능하신 주의 말씀이니라.

선택을 해야만 한다. 세상과 그리스도를 모두 누릴 수는 없다.

신부는 이것을 배우지 못했다. 서로 양립될 수 없다는 생각을 하지 못하고 두 가지 다 누리려는 심산인 것이다. 그녀는 기쁨으로 신랑이 나아오심을 바라본다.

> 나의 사랑하는 자의 목소리로구나
> 보라 그가 산에서 달리고 작은 산을 빨리 넘어 오는구나
> 니의 사랑하는 자는 노루와도 같고
> 어린 사슴과도 같아서
> 우리 벽 뒤에 서서
> 창으로 들여다보며
> 창살 틈으로 엿보는구나

그녀를 찾아 오시는 사랑하는 분의 목소리를 듣고 신부의 가슴은

뛴다. 작은 언덕을 넘어 그녀에게 다가 오신다. 벽 뒤에 서 계신다. 창살 틈으로 엿보기까지 하신다. 인자하고 부드러운 말로 나아오라고 구애하신다. 책망은 한마디도 아니하시고, 사랑의 간청이 그녀의 기억 속에 깊이 잠긴다.

> 나의 사랑하는 자가 내게 말하여 이르기를
> 나의 사랑 나의 어여쁜 자야 일어나서 함께 가자
> 겨울도 지나고
> 비도 그쳤고
> 지면에는 꽃이 피고
> 새의 노래할 때가 이르렀는데
> 반구의 소리가 우리 땅에 들리는구나
> 무화과 나무에는 푸른 열매가 익었고
> 포도나무는 꽃이 피어
> 향기를 토하는구나
> 나의 사랑, 나의 어여쁜 자야 일어나서 함께 가자

모든 자연은 오는 여름을 맞이하고 있는데, 나의 신부여 그대는 내 사랑을 저버리려 하는가?

> 나의 사랑 나의 어여쁜 자야 일어나서 함께 가자

이러한 탄원이 헛될 수 있을까? 안타깝게도 그럴 수 있다. 그렇게 되고 말았다.

그렇지만 더욱 부드러운 말로 신랑은 계속한다.

> 바위 틈 낭떠러지 은밀한 곳에 있는 나의 비둘기야
> 나도 네 얼굴을 보게 하라 네 소리를 듣게 하라
> 네 소리는 부드럽고 네 얼굴은 아름답구나

하나님께서 우리와 교제하기를 바라시며, 그 사랑으로 한 때 질고를 아는 자가 되셨던 분이 이제는 인간의 사랑스러운 마음의 헌신이 따르면 기쁨을 아는 자가 되실 수도 있다니 얼마나 놀라운 생각인가!

그러나 신부에 대한 그분의 사랑과 소원이 강렬하다 할지라도, 그분은 더 이상 나갈 수 없다. 그녀가 현재 있는 곳으로는 결코 오실 수 없다.

확실히 그녀가 그분께로 나아가야 할 것이다. 그녀에게 요구할 것이 없으신가? 그녀는 그분의 사랑을 느끼며 누리고 있다. 그녀는 그분의 소원을 아무것도 아닌 것으로 여길 것인가? 자세히 살펴보면 여기서 신부가 주님을 갈망하는데 헛된 일이 되었다는게 아니라, 그녀를 구하고 있는 것은 신랑이기 때문이다. 구하셔도 헛일이라니 안타깝다!

> 우리를 위하여 여우 곧 포도원을 하는 작은 여우를 잡으라
> 우리의 포도원에 꽃이 피었음이니라

그분은 계속한다. 원수가 작을지 모르나 끼치는 해악은 엄청나다. 작은 꽃망울은 거의 알아볼 수 없을 정도로 작아서 쉽게 상하지만, 그것으로 해서 전체가지의 결실이 영원히 파괴될 수도 있다. 그런데 작은 여우의 수는 얼마나 많은가? 세상과의 조그마한 타협, 작은 일이라도 세미한 음성에 대한 불순종, 조그마한 육신의 탐욕으로 인한 의무의 경시. 조그마한 정략의 발휘, 선이 될 수 있는 조그마한 일에 악을 행하는 것으로 포도의 아름다움과 소출은 희생된 것이다.

신부의 응답에서 우리는 죄의 기만성에 대한 슬픈 실례를 보게된다. 뛰어나가 그분을 만나는 대신에 그녀는 먼저 그분의 신실하심과 그녀가 그분과 연합되었던 것을 기억하면서 자기 마음을 위로한다.

> 나의 사랑하는 자는 내게 속하였고 나는 그에게 속하였구나
> 그가 백합화 가운데서 양떼를 먹이는구나

내 위치는 안전한데 있다. 그것에 대해 염려할 필요가 없다. 그분은 나에게 속하였고 나는 그분께 속하였으니 아무것도 그 관계를 바

꿀 수 없다. 이제는 어느 때든지 그분을 찾을 수 있다. 그분은 백합화 가운데서 양떼를 먹이고 계신다. 번영의 해가 내 위에 비취고 있는 한 그분 없이도 여기서 안전하게 자신을 즐겨도 좋다. 시험과 어둠이 닥친다 해도 그분은 확실히 나를 잊지 않으실 것이다.

　　나의 사랑하는 자야 날이 기울고 그림자가 갈 때에
　　돌아와서 베데르 산에서의
　　노루와 어린 사슴 같아여라

그분의 소원은 개의치 않고, '조금 후에 그분의 사랑을 누려도 좋다'는 생각으로, 경솔하게 그분을 떠나시게 하자, 근심한 신랑은 떠나가셨다!

얼마나 우둔한 신부인가! 곧 그녀는 한때 자신을 만족시켰던 것들에 대해 더 이상 만족할 수 없음을 발견하게 될 것이다. 그런데도 없어진 주님을 기억하고 찾기보다 그분의 인자하신 부르심에 들리지 않는 귀를 돌려대기가 더 쉽다.

날이 기울고 그림자도 사라졌지만 그분은 돌아오시지 않았다. 이제 엄연한 밤이 되자 그녀는 자기의 잘못을 발견했다. 깜깜한 밤에 그녀는 홀로 있었다. 물러가 쉬면서도 그녀는 아직 그분이 돌아오시기를 고대하고 있다. 다시 말해서 세속성이 완전한 교제에 절대적인 장애가 된다는 교훈을 아직 배우지 못했던 것이다.

　　내가 밤에 침상에서 마음에 사랑하는 자를 찾았구나
　　찾아도 발견치 못하였구나

그녀는 기다리다 지친다. 그분의 부재를 참을 수 없게 된다.

　　이에 내가 일어나서 성중으로 돌아다니며
　　마음에 사랑하는 자를 거리에서나 큰 길에서나
　　찾으리라 하고 찾으나
　　만나지 못하였구나!

그녀의 위치가 얼마나 다른가! 홀로 쓸쓸하게 어둠 속에서 그분을 찾는 대신 그분의 팔에 의지하여 햇볕 아래서 함께 나갈 수도 있었을 텐데. '우리 사이에는 아무것도 없다'는 말을 더 이상 할 수 없다면 창틈으로 본 사랑하는 분의 부분적인 모습이 그분의 품에 안기는 기쁨으로 바뀌고, 그분이 선택하신 신부라고 공적으로 고백하셨을텐데!

> 성중의 행순(行巡)하는 자들을 만나서
> 묻기를 내 마음에 사랑하는 자를
> 너희가 보았느냐 하고
> 그들을 떠나자마자
> 마음에 사랑하는 자를 만나서

그녀는 이미 '일어나 가자'는 그분의 명령을 순종했던 것이다. 책망을 두려워하지 않고 그녀는 어둠 속에서 그분을 찾고 있었다. 그리고 그녀가 자기 주님을 고백하기 시작했을 때 곧 그녀는 그분을 발견했고 그분의 호의를 되찾았다.

> 그를 붙잡고
> 내 어미 집으로
> 나를 잉태한 자의 방으로 가기까지 놓지 아니하였노라

위에 나오는 예루살렘은 우리 모두의 어머니이다. 거기서는 세속적인 방법으로나 자기 의지의 탐익이 아닌 친교를 누리게 된다.

1부에서 그랬던 것처럼 친교가 완전히 회복되면서 끝이 난다. 아무도 자기 신부를 깨우지 말라는 신랑의 사랑스러운 부탁과 함께.

> 예루살렘 여자들아
> 내가 노루와 들사슴으로 너희에게 부탁한다
> 사랑하는 자가 원하기 전에는
> 흔들지 말고 깨우지 말지니라

우리 모두 여기서 사는 동안, 세상에서 살지만 세상에 속하지는 않

으며, 세우심을 받은 하늘의 처소에서 우리 있을 곳을 찾아, 그 안에 그리스도와 함께 앉기를 기원한다. 우리 주님을 증거하도록 세상에 보내심을 받았으므로, 항상 여기서 나그네가 되어, 그가 우리 영혼의 참된 헌신의 대상이심을 기꺼이 고백하도록 기원한다.

> 만군의 여호와여
> 주의 장막이 어찌 그리 사랑스러운지요
> 내 영혼이 여호와의 궁정을 사모하여 쇠약함이여
> 내 마음과 육체가 생존하시는 하나님께 부르짖나이다
> 주의 집에 거하는 자가 복이 있나이다
> 저희가 항상 주를 찬송하리이다
> 주의 궁정에서 한 날이 다른 곳에서 천날보다 나은즉
> 악인의 장막에 거함보다
> 내 하나님 문지기로 있는 것이 좋사오니
> 여호와 하나님은 해요 방패시라
> 여호와께서 은혜와 영화를 주시며 정직히 행하는 자에게 좋은 것을
>   아끼지 아니하실 것임이니이다
> 만군의 여호와여
> 주께 의지하는 자는 복이 있나이다.

3부

깨어지지 않은 친교의 기쁨
아가서 3 : 6～5 : 1

> 오 예수님, 가장 놀라우신 왕
> 당신 혁혁하신 정복자여
> 당신의 사랑에 겨워 도무지 말도 할 수 없고
> 당신 안에 모든 기쁨이 있네!
> 우리 목소리로 예수님 당신만을 칭송하고
> 당신을 홀로 사랑하며
> 항상 우리 삶에서
> 당신의 형상만을 나타내리

1부와 2부에서는 주로 신부의 말과 체험을 보아왔다. 이와 아주 정반대로, 3부에서는 우리의 관심이 먼저 신랑에게 쏠리고, 그리고 나서 그분으로부터 사랑의 대상이요 마음의 즐거움인 신부에 대해 듣게 된다. 예루살렘 여자들이 첫번째 화자이다.

> 연기 기둥과도 같고
> 몰약과 유향과 장사의 여러가지 향품으로 향기롭게도 하고
> 거친 들에서 오는 자가 누구인고

그들 스스로 대답을 하고 있다.

> 솔로몬 왕이 레바논 나무로

자기의 연을 만들었는데
그 기둥은 은이요
바닥은 금이요 자리는 자색 담이라
그 안에는 예루살렘 여자들의 사랑이 입혔구나

이는 솔로몬의 연이라
이스라엘 용사 중
육십 인이 옹위하였는데
다 칼을 잡고 싸움에 익숙한 사람들이라
밤의 두려움을 인하여
각기 허리에 칼을 찼느니라

이 절들에는 신부가 언급되어있지 않다. 그녀는 왕되신 신랑의 위용과 위엄에 함몰된다. 그럼에도 불구하고 그녀는 이것을 함께하며 누리고 있다. 기둥처럼 하늘로 피어오르는 향연으로 주위에 온통 향내가 진동하고, 신랑 자신의 지위를 호위하고 그 존엄함을 나타내는 모든 것은 그의 영광의 동참자인 동행한 신부도 호위한다. 그들이 탄 왕 전용 연은 레바논에서 나는 향내나는 백향목으로 만들었고, 정금과 순은을 곁에 입혔다.

향내나는 나무는 성화된 인간성의 아름다움을 예표하는 한편, 금은 우리에게 우리 주님의 신적 영광을 상기시켜주고, 은은 그분의 구속하신 비길데 없는 교회의 순결과 소중함을 상기시켜 준다. 자색 담은 이방인들 즉 두로의 딸이 선물을 가지고 그곳에 있었음을 말해주는 한편, 예루살렘 여자들의 정표는 '백성 중 부자들까지도 당신의 호의를 간원할 것이라'는 예언서의 말씀과 일치한다.

이것은 예루살렘 딸들의 눈을 매료하나, 신부는 왕 자신에게 사로잡혀서 외친다.

시온의 여자들아 나와서 솔로몬 왕을 보라
혼인날 마음이 기쁠 때에

그 모친의 씌운 면류관이 그 머리에 있구나

면류관을 쓴 왕이 그녀에게는 모든 것이며, 시온의 딸들에게도 마찬가지로 그분이 그와같이 되기를 원하는 것이다. 약혼 기간을 보내면서 그분의 마음의 즐거움을 보고 기쁨에 잠겨있는데, 이제는 그녀가 자신을 위하여 그분에게 빠져있는게 아니라 그녀에게서 만족을 발견하시는 그분의 기쁨을 보고 즐거워하기 때문이다.

예수님을 위해서 무엇이든지 될 수 있고 그분의 즐거움을 위해서 무엇이나 할 수 있는 사심없는 소원을 오로지 품고 있는가? 아니면 일차적으로 자기 자신을 위해서나 기껏해야 자기 주위 사람들 때문에 그분께 가게 된다고 의식하는가? 창조주께 기쁨을 드리는 특권을 망각한 채 피조물로 시작했다가 피조물로 끝마치는 기도가 얼마나 많은가!

그렇지만 우리의 사심없는 사랑과 그분께 대한 헌신 속에서 그분 자신의 영상을 보게 될 때에야 비로소 그분의 마음은 완전한 만족을 느끼고, 다음 귀절에서 발견되는 것과 같은 소중한 사랑의 토로를 스스로 쏟으실 수 있는 것이다.

> 내 사랑 너는 어여쁘고도 어여쁘다
> 너울 속에 있는 네 눈이 비둘기 같고
> 네 머리털은 길르앗산 기슭에 누운 무리 염소 같구나
> 네 이는 목욕장에서 나온 털 깎인 암양
> 곧 새끼 없는 것은 하나도 없이
> 각각 쌍태를 낳은 양 같구나
> 네 입술은 홍색 실 같고
> 네 입은 어여쁘고……(3~5절을 보라)

거울처럼 신랑의 아름다움을 반사하는 신부의 어여쁨에 대한 설명은 이미 살펴 보았다. 그녀가 이토록 그분 자신에게 빠져있으므로 그분이 만족을 느끼며 그녀의 아름다움을 묘사한다는 것은 지극히 당연

하다! 그분만을 이야기하는 입술은 홍색 실과 같다. 자신에 대해서
나 자신을 위해서는 한마디도 하지 않는 입이나 말은 그분 보시기에
어여쁘다.

그분의 찬사와 칭찬의 말이 신부에게 얼마나 달콤했는가 하는 것은
쉽게 상상할 수 있으나, 그녀의 기쁨은 너무 깊어서 표현할 수 없었
다. 그녀는 사랑에 잠겨 잠잠히 있었다. 이제 그녀는 날이 기울고 그
림자가 갈 때까지 그분을 떠나 보낸다는 것은 생각조차 하지 않을 것
이다.

더우기 신랑은 자기 신부를 떠나 기쁨을 찾는다는 생각은 아예 없
다. 그분은 말한다.

> 날이 기울고 그림자가 갈 때에
> 내가 몰약 산과
> 유향의 작은 산으로 가리라

행여 그분 편에서 떠났기 때문에 이별하는 것은 결코 아니다. 그분
은 항상 준비된 마음과 친교할 준비가 되어 있으며, 이 행복한 친교
속에서 신부는 더욱 어여쁘게 되고, 주님을 더욱 닮아가게 된다. 그
녀는 놀라우신 성령의 역사를 통해서 영광의 단계를 하나씩 지나 점
진적으로 그분의 형상으로 변화되고 있으며, 마침내 그분은 선포할
수 있다.

> 나의 사랑 너는 순전히 어여뻐서
> 아무 흠이 없구나

그리고 이제 그녀는 사역하기에 적합하고, 그곳으로 신랑은 그녀를
구애한다. 이제는 그분을 잘못 전하지 않을 것이다.

> 신부야 너는 레바논에서부터 나와 함께 하고
> 레바논에서부터 나와 함께 가자
> 아마나와

> 스닐과 헤르몬 꼭대기에서
> 사자굴과
> 표범 산에서 내려다 보아라

"나와 함께 가자." 항상 그렇다. 우리 구주께서 '그러므로 너희는 가서 모든 민족으로 제자를 삼으라'고 하실 때 그 앞에는 '모든 능력을 나에게 주셨다'고 했고, 그 뒤에는 '보라 내가 항상 너희와 함께 있으리라'고 하셨다.

또한 이처럼 그분이 자기 신부를 오라고 부를 때 역시 '나와 함께' 가자고 하며, 이 사랑의 초대와 관련해서 처음으로 '내 사랑'이라는 말이 훨씬 더 애정이 깃든 '나의 신부'라는 말로 바뀐다.

유다 지파의 사자가 우리와 함께 계시니 사자 굴인들 어떠하며, 그가 내 곁에 계시니 표범 굴인들 어떠하리! "주께서 나와 함께 계시니 해를 두려워 아니 하리로다." 한편 자기 사람이 이와같이 사역중 위험에 직면하여 자기와 함께 고통을 당하는 동안 그분은 말하게 된다.

> 나의 누이 나의 신부야 네가 내 마음을 빼앗았구나
> 네 눈으로 한 번 보는 것과
> 네 목의 구슬 한 꿰미로
> 내 마음을 빼앗았구나

당신의 초대를 기꺼이 받아들여 그와 함께 멸망당하는 자들을 구출하기 위해 나아가는 자의 사랑에 사랑하는 분의 마음이 이와같이 빼앗길 수 있다니 놀랍지 않은가! 달리 번역하면 '내 마음을 앗아갔다'거나 '나에게 용기를 주었다'는 말이 되는데 아주 의미심장하다. 신랑의 마음이 신부의 정절과 사랑의 동반으로 고무될 수 있다면, 우리가 서로 섬기는 가운데 힘을 주고 격려할 수 있다는 것은 놀라운 일이 아니다.

사도 바울이 죄수가 되어 로마로 잡혀가고 있을 때 그곳에서 무슨

일이 닥칠지 알지 못하고 헤어나오기 힘든 깊은 수렁에 빠져 있었는
데, 로마의 아피 공회(Appii Forum)에서 형제들을 만난 후 하나님
께 감사하고 용기를 얻었다. 우리도 이와같이 언제나 다른 이들의 손
을 하나님 안에서 강건하게 해주도록 하소서!

다시 시작해 보자. 신랑은 달콤한 사랑의 주고 받음을 통해서 고
통스러운 등정과 가파르고 위험한 길을 즐겁게 해준다.

> 나의 누이 나의 신부야 네 사랑이 어찌 그리 아름다운지
> 네 사랑은 포도주에 지나고
> 네 기름의 향기는 각양 향품보다 승하구나
> 내 신부야 네 입술에서는 꿀 방울이 떨어지고
> 네 혀 밑에는 꿀과 젖이 있고
> 네 의복의 향기는 레바논의 향기 같구나
> 나의 누이 나의 신부는 잠근 동산이요
> 덮은 우물이요 봉한 샘이로구나
> 네게서 나는 것은 석류나무와 각종 아름다운 과수와
> 고벨화와 나도초와
> 나도와 번홍화와
> 창포와 계수와
> 각종 유향목과 몰약과
> 침향과 모든 귀한 향품이요
> 너는 동산의 샘이요
> 생수의 우물이요
> 레바논에서부터 흐르는 시내로구나

멸망당하는 자들을 구출하는 가운데 신랑에게 몰두하게 되자, 그녀
의 입술에서 나오는 말은 그분에게 꿀이나 꿀 방울 같고, 그분의 만
족과 기쁨을 표현하기 위해 비유 위에 비유가 거듭된다. 그녀는 진귀
한 과일과 싱그러운 향품으로 가득 찬 동산이지만, 잠근 동산이다.

그녀가 맺는 열매는 많은 이들에게 축복이 되겠지만, 동산은 그분

만을 위한 것이다. 그녀는 샘이지만, 덮은 우물이요 봉한 샘이다. 더 말하자면 그녀는 동산의 우물이요 생수의 샘이며 레바논에서 흘러나오는 시내다. 가는 곳마다 풍요를 가져다 주고 시원함을 나누어준다. 그렇지만 이 모두가 그분께 속한 것이며 그분을 위한 것이다.

신부는 이제 3부에 와서 두번째로 말을 꺼낸다. 첫번째 발언이 그분에 대한 것이었던 것처럼, 두번째는 그분을 위한 것이다. 어디서도 자아를 찾아볼 수 없다.

> 북풍아 일어나라 남풍아 오라
> 나의 동산에 불어서 향기를 날리라
> 나의 사랑하는 자가 그 동산에 들어가서
> 그 아름다운 실과 먹기를 원하노라

어떤 일이 닥치더라도 각오가 되어있다. 북풍이라 한들 남풍이라 한들, 향기가 날려서 그 냄새로 주님을 즐겁게 해드린다면, 동산에 불어닥쳐도 좋다. 그분은 그녀를 동산이라고, 석류와 진귀한 과일이 열리는 낙원이라고 부르셨다. 그분이 오셔서 진귀한 열매를 맛보시도록 하자.

이에 대해 신랑이 응답한다.

> 나의 누이 나의 신부야
> 네가 내 동산에 들어와서
> 나의 몰약과 향재료를 거두고
> 나의 꿀송이와 꿀을 먹고
> 내 포도수와 내 젖을 마셨으니

이제는 그녀가 부를 때, 그분이 즉시 대답하신다. 그녀가 주님만을 위할 때 그분은 그녀에게서 모든 만족을 발견한다는 확신을 그녀에게 주신다.

3부는 신부가 그분 뿐만 아니라 그분의 친구와 자기 친구들을 모두 초대함으로써 끝난다.

나의 친구들아 먹으라
나의 사랑하는 사람들아 마시고 많이 마시라

우리 주님께 모든 것을 봉헌하면, 나누어 줄 능력이 감소하기는 커
녕, 사역하는 가운데 힘도 늘고 기쁨도 생긴다. 소자의 오병이어는
먼저 주님 앞에 포기하고, 축사하시자 기진맥진한 무리들에게 충분
한 양식이 되었고, 나누어 주는 가운데 불어나서 모두가 실컷 먹고도
열 두 광주리에 가득 찬 부스러기가 남았다.

살펴본 바와 같이 이 아름다운 3부에서 우리는 깨어지지 않은 친
교와 그 기쁨의 결말을 보았다. 우리의 삶이 이와 같았으면! 먼저 왕
과 하나되어 왕에 대해 이야기한다. 친교의 기쁨은 봉사의 교제로,
모두가 예수님을 위한 존재로 이어져서, 더 잘 섬기는데 합당한 일이
라면 어떤 일이 닥쳐도 각오가 되어있고, 모두 그분께 복종하며, 오
직 그분만을 위해 사역하기를 자원하는 삶이 된다면 여기에는 세상에
대한 사랑이 차지할 여지가 없다. 그리스도와의 연합으로 마음이 채
워졌기 때문이다. 세상을 기쁘게 하는 것은 하나도 없다. 모두가 주
님께서 사용하시도록 인봉하여 간직되기 때문이다.

예수님, 나의 생명은 당신의 것이나이다
늘 당신 속에 숨겨져 있으리이다
내게서 당신의 생명을
꺼내갈 자 아무도 없나이다

4부

다시 깨어진 친교 - 회복
아가서 5 : 2~6 : 10

4부는 예루살렘 여자들에 대한 신부의 발언으로 시작되는데, 그녀는 최근의 안타까운 경험을 늘어 놓으며 고통 중에 있는 자기를 도와달라고 간청한다. 신랑의 임재와 위로를 그녀가 다시 잃어버린 것은 이제는 세속에 물들어서가 아니라 게으른 자기 탐닉에 빠졌기 때문이다.

그녀가 실패에 빠지게 된 경위와, 어떻게 해서 자아가 그녀 마음 속에 다시 자리잡게 되었는지에 대해서는 말이 없다. 아마도 은혜로 말미암아 그녀가 성취할 수 있었던 업적에 대한 영적 교만이 그 원인이었을 것이다. 아니면, 경우에 따라서는 축복을 주신 분 대신에 그녀가 받은 축복을 너무 애지중지하여 이별까지 나아갈 수도 있다.

자신이 나락되고 있다는 것을 거의 의식하지 못하고 있는 것처럼 보인다. 자기도취와 자기만족에 빠져, 그분의 부재를 거의 깨닫지 못한다. 그분이 어디로 가셨는지 무슨 일을 하고 계시는지 전혀 개의치 않고, 홀로 안일에 빠져있었다. 이보다 더 한 것은, 그녀의 침상의 문이 닫혔을 뿐만 아니라 빗장이 걸린 사실인데, 이것은 그분이 돌아오시는 것을 간절히 원하지도 않고 기대하지도 않는다는 증거이다.

그렇지만 그녀의 마음이 그분으로부터 멀리 떨어져 있었던 것은 아니다. 어떤 다른 음성도 불러일으킬 수 없을 반향을 그녀의 영혼 안에 일깨우는 음악이 그분의 목소리 속에 있었다. 그녀는 아직 세상에 관한 한 '잠근 동산이요 봉한 샘'이었다. 전혀 의심을 품지 않았기 때문에 이번의 올무는 훨씬 위험하고 교활했다. 그녀의 이야기를 들어보자.

> 내가 잘지라도 마음은 깨었는데
> 나의 사랑하는 자의 소리가 들리는구나
> 나의 사랑, 나의 비둘기, 나의 완전한 자야 문 열어 다고
> 내 머리에는 이슬이
> 내 머리털에는 밤 이슬이 가득하였구나 하는구나

라오디게아 교회에 보내는 편지에 나오는 것처럼, 흔히 신랑의 위치는 문밖에서 두드리는 구혼자의 위치가 되고 있다. "볼찌어다 내가 문밖에 서서 두드리노니 누구든지 내 음성을 듣고 문을 열면 내가 그에게로 들어가 그로 더불어 먹고 그는 나로 더불어 먹으리라." 그분이 닫힌 문 밖에 계셔야 한다는 것, 즉 문을 두드리셔야 한다는 것도 애석하지만, 자기 사람이 된 자의 마음 문을 두드려도 소용이 없다니 더욱 안타깝다.

이 경우에 신부의 위치가 잘못된게 아니다. 그렇다면, 전과 같이 그분의 말씀이 '일어나서 함께 가자'는 말씀이었을 것이다. 이와달리 이번에는 그분의 말씀이 '나의 누이 나의 사랑아 문을 열어달라'는 것이다. 문을 닫은 것은 그녀의 자기만족의 상태와 안일에 대한 사랑이었다.

그분의 말씀은 매우 부드럽다. '나의 누이야 문을 열어다고'(그분은 많은 형제 중 첫열매이시다), '나의 사랑'(그분의 마음의 헌신의 대상), '나의 비둘기'(성령의 많은 은사와 은혜로 덧입은 자), '나의 완전한 자야'(그분을 위해 씻어 새롭게 하여 정결케 된, 더럽혀지지 않은). 당신의 상황에 대해 언급하심으로써 그녀에게 문을 열도록 권고하신다.

내 머리에는 이슬이
내 머리털에는 밤 이슬이 가득하였다

왜 그분의 머리에 이슬이 가득하다는 것인가? 그분의 마음은 목자의 중심이기 때문이다. 아버지께서 그분에게 주신 자들 가운데는 죄의 어두운 골짜기를 방황하는 자들이 있다. 오, 얼마나 많은 자들이 목자의 음성조차 들어보지 못하고 있는가. 한때 우리 안에 있던 자들까지도 안전한 울타리를 멀리 떠나 방황하고 있는 것이다. 결코 잊을 수 없는 마음, 결코 버릴 수 없는 사랑은 잃어버린 자를 발견하기까지 방황하는 어린양을 쫓아갈 수 밖에 없다. "내 아버지께서 이제까지 일하시니 나도 일한다." 아주 최근까지 그분 곁에 있었고, 기쁨으로 사자 굴이나 표범 굴도 마다하지 않았던 그녀가 혼자서 방황하며, 그분이 잃어버린 자들을 찾아다니도록 내버려 둘것인가?

나의 누이, 나의 사랑, 나의 비둘기,
나의 완전한 자야 문 열어 다고
내 머리에는 이슬이
내 머리털에는 밤 이슬이 가득하였구나

하나님의 말씀 가운데 이보다 더 마음에 와 닿는 간청이 없으리라고 보는데, 참으로 신부의 응답은 안타깝기만 하다.

내가 옷을 벗었으니 어찌 다시 입겠으며
내가 발을 씻었으니 어찌 다시 더럽히랴

안타깝게도 모임이나 집회를 열어 즐거워하고, 앞에 놓인 좋은 일들을 경축하면서도 이것들을 떠나 멸망당하는 자들을 구출하기 위한 자기 부인의 노고에는 준비조차 되어있지 않기가 십상인 것이다. 믿음의 안식을 즐거워하는 반면에 믿음의 선한 싸움을 싸우는 것은 망각하고, 믿음으로 얻어지는 정결과 순결에는 착념하지만 죄의 구렁텅이에서 분투하고 있는 가엾은 영혼들에 대해는 생각조차 하지 않는 것이다.

그분이 계속 입고 있기를 원하는 옷을 벗어버릴 수 있고, 그분은 홀로 산곡을 헤매고 계시는데 우리는 발을 씻을 수 있다면 우리 주님 과의 교제가 절실하게 필요하지 않을까?

우물쭈물하는 신부로부터 별 반응이 없자,

나의 사랑하는 자가 문틈으로 손을 들이 밀매
내 마음이 동하여서

그러나 안타깝게도 문에는 고리가 걸렸을 뿐아니라 빗장까지 질러 있어서 어떻게 해서든지 들어가 보려고 하는 그분의 노력은 소용이 없었다.

일어나서 나의 사랑하는 자 위하여 문을 열 때
몰약이 내 손에서
몰약의 즙이 내 손가락에서
문빗장에 듣는구나
내가 나의 사랑하는 자 위하여 문을 열었으나
그가 벌써 물러갔네
그가 말할 때에 내 혼이 나갔구나

신부는 다 늦게 일어났으면서도, 속히 기다리시는 주님을 영접하기 보다는 자기 몸에 몰약즙을 붓는데 더 신경을 쓰고, 그분의 소원보다 는 자기가 누리는 은혜에 더 마음이 팔려있는 것처럼 보인다. 속마음 으로는 안타까와 하면서도 환영의 말을 한마디도 하지 못하고, 근심 에 찬 그분은, 그녀에게 당신을 영접할 준비가 이루어지기 전에, 스스 로 물러가셨다.

또 다시(3부에서와 같이) 그녀는 홀로 그분을 찾아 나서야 했고, 이번에 겪는 그녀의 경험은 지난 번보다 훨씬 더 고통스러웠다.

내가 그를 찾아도 못 만났고

불러도 응답이 없었구나
성중에서 행순하는 자들이 나를 만나매
나를 쳐서 상하게 하였고
성벽을 파수하는 자들이 나의 웃옷을 벗겨 취하였구나

처음에 돌아섰던 것은 미숙 때문이었다. 두번째로 돌아선 것이 부주의로 인해 생겼다면, 순종하도록 권유를 받을 때 적어도 기꺼이 즉석에서 그렇게 해야 할 것이다. 신자들의 경우에도 순종하는데 더딘 습관에 빠진다는 것은 보통일이 아니다. 불신자의 경우에 불순종의 마지막 결말은 말로 할 수 없도록 무섭다.

책망을 받았은즉 돌아서라
보라, 내가 내 신을 너희에게 부어주며
내 말을 너희에게 알게 하리라
내가 불렀으나 너희가 거절하였은즉
내 손을 펴서 아무도 상관치 아니하고……
너희의 환난날에 웃을 것이라
그때 그들이 나를 부르나 내가 응답치 아니할 것이요
부지런히 나를 구하나 나를 찾지 못할 것이라

신부의 넘어짐은 고통스럽지만 마지막은 아니었다. 참된 회개가 뒤따랐기 때문이었다. 그녀는 어둠 속으로 나가 그분을 찾았다. 그녀가 불렀으나 그분은 응답치 아니하였고, 행순하는 자들이 그녀를 발견하고 쳐서 상하게 하였다. 그녀보다도 그들이 타락의 중대성을 더 정확하게 판정한 것으로 보인다. 신자들은 자신의 모순을 보지 못하는 수가 있다. 그렇지만 다른사람들은 이것을 주목하고, 우리 주님에 대한 위치가 더 높을수록 어떠한 실패도 필경은 더 심한 책망을 받게 될 것이다.

상하고, 수치당하고, 찾았으나 성공치 못하고, 거의 절망에 빠진 신부는 예루살렘 여자들에게 나아가 자신의 슬픈 이야기를 늘어놓으면

서 사랑하는 자에게 그녀가 부정하지도 않고 그분을 잊은적도 없음
을 말해달라고 부탁한다.

> 예루살렘 여자들아 너희에게 내가 부탁한다
> 너희가 나의 사랑하는 자를 만나거든
> 내가 사랑하므로 병이 났다고 하려므나

예루살렘의 여자들의 응답은, 슬픔에 지쳐 어둠 속을 헤매고 있는
신부의 개인적인 아름다움에는 결코 눈을 뗄 수 없으나, 왕의 신부로
서는 인정을 받지 못한다는 것을 아주 분명하게 보여준다.

> 여자 중 극히 어여쁜 자야
> 너의 사랑하는 자가 남의 사랑하는 자보다 나은 것이 무엇인가
> 너의 사랑하는 자가 남의 사랑하는 자보다 나은 것이 무엇이기에
> 이같이 우리에게 부탁하는가

그녀의 사랑하는 자가 남들과 다르게 없다는 이 질문은 그녀의 영
혼 가장 깊은 곳을 찔렀고, 그녀는 자신을 잊어 버리고 마음으로부터
터져나와, 주님의 영광과 아름다움에 대해 넋을 잃은 찬사를 쏟아놓
는다.

> 나의 사랑하는 자는 희고도 붉어 만 사람에 뛰어난다

(이를 포함하여 10~16절을 보라)

> 입은 심히 다니 그 전체가 사랑스럽구나
> 예루살렘 여자들아
> 이는 나의 사랑하는 자요 나의 친구이라

신랑에 대한 신부의 찬사를 다니엘서 7 : 9~10에 나오는 옛적에
계신 분에 대한 묘사와 요한계시록 1 : 13~16에 나오는 부활하신
주님에 대한 묘사와 비교해 보는 것도 재미있다. 아주 독특한 차이가
있다.

다니엘서 7장에는 옛적부터 계신 이가 심판의 보좌에 좌정해 있다. 그 옷은 희기가 눈 같고 그 머리털은 깨끗한 양의 털 같다. 그 보좌는 불꽃이요 그 바퀴는 붙는 불이며, 불이 강처럼 흘러 그 앞에서 나온다. 인자 같은 이가 그분 앞에 나아와 그분으로부터 권세와 영광과 폐하지 않는 영원한 나라를 받는다.

요한계시록 1장에는 인자 같은 이가 발에 끌리는 옷을 입고 그 머리와 털의 희기가 흰 양털 같다. 그러나 신부는 신랑을 '꼬불꼬불하고 까마귀 같은 검은' 머리털을 지닌 왕성한 젊은이로 본다. 요한계시록에서 "그의 음성은 많은 물 소리와 같으며…… 그 입에서 좌우에 날선 검이 나온다." 신부에게 그분의 입술은 백합화 같고 몰약의 즙이 뚝뚝 떨어지며 입은 심히 달다.

부활하신 구주의 얼굴은 '해가 힘있게 비취는 것 같으며," 요한이 이 환상을 본 결과, "내가 볼 때에 그 발앞에 엎드러져 죽은 자 같이 되었다"는 것은, 사울이 다메섹 도상에서 환상을 본 결과와 다르지 않다. 그러나 신부에게 "그 형상은 레바논 같고 백향목처럼 보기 좋다." 유다 지파의 사자는 그 신부에게 사랑의 왕이시며, 마음을 기울여 환한 얼굴로 그분의 아름다움을 얼마나 조목조목 이야기하는지, 예루살렘의 여자들 역시 그 아름다움을 뵙기 위해 그녀와 함께 그분을 찾아보겠다는 강한 소원에 사로잡힌다.

> 여자 중 극히 어여쁜 자야
> 너의 사랑하는 자가 어디로 갔는가
> 너의 사랑하는 자가 어디로 돌이켰는가
> 우리가 너와 함께 찾으리라

신부가 응답한다.

> 나의 사랑하는 자가 자기 동산으로 내려가
> 향기로운 꽃밭에 이르러서
> 동산 가운데서 양떼를 먹이며 백합화를 꺾는구나

나는 나의 사랑하는 자에게 속하였고
나의 사랑하는 자는 내게 속하였다
그가 백합화 가운데서 그 양떼를 먹이는구나

설령 쓸쓸하고 처량하게 보일지라도 그녀는 자신이 아직도 그분의
애정의 대상임을 알고 있으며 그분이 자기에게 속하였다고 주장한다.
'나는 나의 사랑하는 자에게 속하였고 나의 사랑하는 자는 내게속하
였다'는 이 표현은 2장에서 발견되는 '나의 사랑하는 자는 내게 속하
였고 나는 그에게 속하였다'는 것과 유사하지만, 주목할 만한 차이가
있다.

그때에는 그리스도에 대해 우선되는 생각이 그분에 대한 자신의 주
장이었고, 그녀에 대한 그분의 주장은 이차적이었다. 이제는 먼저 그
분의 주장을 생각하며, 그런 연후에야 자신의 주장을 언급한다. 7 : 10
에서 우리는 은혜가 훨씬 더 발전되어나가는 것을 보는데, 여기서 신
부는 자신의 주장을 모두 뒤로 돌린 채 말하기를,

나는 나의 사랑하는 자에게 속하였구나
그가 나를 사모하는구나

그녀가 이 말을 털어놓고 자신을 그분의 정당한 소유로 인정하자
마자, 이것은 그녀가 그분을 밖에 세워두고 들어오시지 못하게 할 때
사실상 거부한 요구인데, 바로 신랑이 나타난다. 한마디도 꾸짖지 않
고 아주 부드러운 사랑을 가지고 자기 눈에 그녀가 얼마나 아름다운
지 말하고, 예루살렘 여자들에게 그녀를 칭찬한다.

그녀에게 말하기를

내 사랑아 너의 어여쁨이 디르사[사마리아의 아름다운 도시] 같고,
너의 고움이 예루살렘[위대하신 왕의 영광스러운 성] 같고,
엄위함이[찬란함이] 기치를 벌인 군대 같구나
네 눈이 나를 놀래니
돌이켜 나를 보지 말라(4~7절을 보라)

그리고 나서 예루살렘 여자들을 향해서 부르짖기를

> 왕후가 육십이요, 비빈이 팔십이요, 시녀가 무수하되,
> 나의 비둘기, 나의 완전한 자는 하나 뿐이로구나
> 그는 그 어미의 외딸이요
> 그 낳은 자의 귀중히 여기는 자로구나
> 여자들이 그를 보고 복된 자라 하고,
> 왕후와 비빈들도 그를 칭찬하는구나.
> 아침 빛같이 뚜렷하고
> 달 같이 아름답고
> 해 같이 맑고
> 기치를 벌인 군대 같이 엄위한 여자가 누구인가

이와같이 4부는 친교가 완전히 회복되어, 신부가 복권되고, 신랑에 의해 그분 자신의 비길데 없는 동반자와 친구로서 공적으로 인정받음으로써 막이 내린다. 신부가 겪은 고통스러운 체험에는 영원한 행복이 실려있고, 더 이상 친교가 중단되는 흔적을 볼 수 없으며, 이후로는 기쁨과 결실만이 남아있다.

5부

인정받은 연합의 결실

아가서 6 : 11~8 : 4

이 책의 2부와 4부에서 우리는 신부의 친교가 깨어지는 것을 보았다. 처음에는 세속에 넘어짐으로써, 나중에는 게으른 안일과 자기만족을 통해서 깨지고 말았다. 이 5부는 3부와 같이 깨어지지 않은 친교에 대한 것이다. 신부의 말로 시작된다.

> 골짜기의 푸른 초목을 보려고
> 포도나무가 순이 났는가
> 석류나무가 꽃이 피었는가 알려고
> 내가 호도 동산으로 내려갔을 때에 부지중에 내 마음이 나로
> 내 귀한 백성의 수레 가운데 이르게 하였구나.

3부가 시작될 때 신부가 주님과의 깨어지지 않은 친교 가운데서 시온의 딸들에게 말을 건넴으로써 자신의 존재를 알릴 때까지 언급은 없지만 존재했던 것처럼, 5부에서는 왕의 존재가 그분 스스로 신부에게 말을 건넬 때까지 언급없이 진행된다. 그런데 그녀는 봉사에 전념하면서 주님과 하나가 되어있다.

'보라, 내가 너희와 항상 함께 있으리라'는 약속은 그녀에게 언제나 성취된다. 더 이상 그녀에게 일어나서 함께 가자고 권고하시거나, '머리에는 이슬이, 머리털에는 밤이슬이 가득하다'고 말씀하시거나,

사랑한다면 당신의 양을 먹이고 어린양을 치라고 권유하시지 않는다. 그녀 자신이 그분의 동산으로서, 자기 동산 돌보는 일을 망각하지 않고, 자신의 동산을 무시하면서까지 남의 포도원을 지키지는 않는다.

그분을 위하는 동시에 그분과 함께 그녀는 호도 동산으로 간다. 이들 사이의 연합이 너무 완벽해서 많은 주석가들은 화자가 신부인가 아니면 신랑인가 결정하는데 어려움을 느끼지만, 사실 그것은 별 중요한 문제가 아니다. 앞서 말한 바와 같이 둘이 함께 있고 한 마음이지만, 신부에게 예루살렘 여자들이 말을 건네고, 이에 답하여 그녀가 말하고 있는 것을 보아 이 말들을 신부에게 돌리는 것이 옳다고 믿는다.

신부와 신랑이 이와같이 결실있는 봉사의 행복한 교제에 전심하고 있는 동안 자원하는 백성들에게 발견된 것으로 보이며, 신부는 자신이 깨닫기도 전에 자기 백성(그분의 백성인 동시에 자기 백성인)의 병거 사이에 앉아있음을 발견했다.

예루살렘 여자들은 그녀를 다시 불러세우고 싶어한다.

돌아오고 돌아오라 술람미 여자야
돌아오고 돌아오라 우리로 너를 보게 하라.

이제는 그녀가 누구이고, 그녀의 사랑하는자가 다른 사람이 사랑하는 자보다 왜 더 나은가에 대해서 의문이 없다. 그분은 솔로몬 왕으로 인정되고, 그녀에게는 동일한 이름을 단지 여성형으로 바꾼 술람미라는 이름이 주어진다.

'돌아오고 돌아오라'는 말을 교회가 타락된 표시로 보고, 이 견해와 불일치하는 것으로 보이는 후반부 문맥의 일부를 점진적이라기 보다는 개설적이라고 설명하는 사람도 있다. 이 생각은 퍽 재미있고, 앞 절에 왕에 대한 언급이 없다는 것을 잘 설명해 준다고 하더라도 받아들이고 싶지 않으며, 전체를 점진적인 것으로 보고 마지막 말을 '보라 내가 속히 오리라(아멘)'는 요한계시록의 말미와 상응하는 것

으로 본다. 따라서 신부가 자기 동산을 떠나는 것을 일시적인 것 이
상으로 보지 않는다.

신부가 예루살렘 여자들에게 응답한다.

너희가 어찌하여 술람미 여자를 보려느냐.

혹은

너희가 술람미 여인에게서 무엇을 보려느냐.

왕의 임재 속에서 그녀는 왜 그녀에게 관심이 쏠리는지 인식할 수
없다. 모세가 산에서 내려올 때 자기 얼굴이 하나님의 영광으로 광채
가 난다는 것을 깨닫지 못했던 것처럼, 여기서 신부가 그와 같다. 그
러나 주님의 아름다움을 보지 못한 많은 사람들은 그분의 신부에게
반사된 그분의 아름다움을 찬양할 수도 없다는 이 매우 중요한 교훈
을 배울 수 있을 것이다.

예루살렘 여자들의 눈이 자기에게로 쏠리자 놀란 신부는 '자격은
없지만 영광스러운 왕의 선택된 신부라는 것을 빼놓고서는 별로 관심
을 끌만한 것이 없는 사람을 쳐다볼려거든 마하나임이 춤추는' 것(이
스라엘에서 가장 아리따운 여자들이 두 무리로 나뉘어 어울려 추는
춤)을 보는 것이 좋지 않겠느냐'고 말한다.

예루살렘 여자들은 어렵지 않게 그녀의 질문에 응답한다. 왕후의
위엄을 지니고 있을 뿐 아니라 왕족의 후예로서 '귀한 자의 딸이라
고, 인정하면서 그들은 진솔한 동방의 언어로 그녀의 용모에서 나오
는 열 가지 아름다움을 묘사한다. 머리에서 발까지 아름다움과 완전
함 뿐이다.

원래의 상태와 얼마나 대조적인가? 한때 정수리에서 발끝까지 멍
든데와 상처와 곪아터진 종기 뿐이었다. 이제 발에는 화평 복음의 예
비한 것으로 신을 신고, 머리털은 바로 그녀가 나실인임을 공표하고
있으니 실로 왕이라도 그 삼단같은 머리털에 넋을 빼앗기고 만다.

그런데 누군가 예루살렘의 딸들보다는 그녀에게 '너희가 술람미 여인에게 무엇을 보려느냐'는 그녀의 꾸밈없는 질문에 대답하는 사람이 있었다. 신랑 자신이 이 질문에 대답한다.

> 사랑아 네가 어찌 그리 아름다운지
> 어찌 그리 화창한지
> 쾌락하게 하는구나.

그분은 그녀에게서 키가 크고 곧게 자라는 종려와, 우아하고 붙임성이 좋은 포도와, 항상 푸르고 향기로운 시트론의 아름다움과 결실을 본다. 은혜로 말미암아 그녀는 정직함과 풍성함을 함께 상징하는 종려나무와 같이 되었다. 대추야자 열매는 동방의 여행자들에게 빵보다 더 값이 나가고, 먹고나면 속이 든든하다. 이 나무의 열매맺는 힘은 없어지지 않는다. 나이를 먹을수록 열매가 더 풍성할 뿐 아니라 제 맛이 난다.

> 의로운 자는 종려나무 같이 창대하며
> 레바논의 백향목 같이 번성하리라
> 주의 집에 심기운 자는
> 우리 하나님의 궁정에서 창대하리라.
> 늙어서도 열매를 낼 것이며
> 활기와 생명이 넘치리라.

그런데 왜 의로운 자가 어떻게 정직하며 창대하게 되는가?

> 주께서 정직하심을 나타내려 하심이니 그는 나의 반석이시요, 그에게는 불의가 없나이다.

우리 주님과 하나가 된 우리는 그의 은혜와 미덕을 나타내고, 그 아름다움을 반사하며, 그의 신실하신 증인이 되기 마련이다.

종려는 또한 승리의 상징이다. 찌는 듯한 햇빛이나 사막에서 휘몰아치는 뜨거운 바람을 두려워하지 않고, 그 아름다운 머리를 하늘을

향해 쳐들고 있다. 그 아름다움 때문에 솔로몬 성전의 장식물의 하나
가 되었고, 또 에스겔 성전의 장식물이 되었다.

우리 구주께서 이스라엘의 왕으로 예루살렘에 입성하실 때 백성들
이 종려가지를 들고 맞으러 나갔다. 그 영광스러운 혼인 잔치날에 모
든 나라와 족속과 백성과 방언에서 올라온 셀 수 없이 많은 무리들이
하얀 세마포 옷을 입고 손에는 승리의 종려가지를 들고 보좌에 앉으
신 우리 하나님과 어린양에게 구원의 영광을 돌릴 것이다.

그런데 그녀는 종려와 닮았고 역시 포도와도 닮았다. 그녀에게는
남편될 사람의 많은 보살핌이 필요하며, 그녀는 이에 대해 잘 보답한
다. 참된 결실의 원천이신 그리스도 안에 거하여, 종려 열매처럼 원
기를 북돋워줄 뿐 아니라 감미롭고 상쾌한 -포도원의 주인이신 그분
뿐 아니라, 그분이 놓아두신 고달프고 갈급한 세상에 대해서도 감미
롭고 상쾌한 -포도를 주렁주렁 맺는다.

포도나무 자체가 시사하는 교훈이 있다. 포도나무는 그대로 두어서
는 안되고 손질을 필요로 한다. 전정하는 날카로운 칼로 그 연한 꽃
가지들을 아낌없이 베어 내면 겉보기에는 흉하지만, 결실이 많아진다.
이것을 잘 표현해 주는 아름다운 시가 있다.

> 살아계신 포도나무 그리스도
> 스스로를 이에 비유하셨네
> 하나님은 인생에게 쓸 것과 식물로 주신
> 곡물, 포도주, 기름 하나하나 다 요긴코
> 그리스도 곧 생명의 떡 생명의 빛이네만
> 바로 싹이 나 단번에 쉬 자라
> 한때 지나면 말라져 다시 솟지 않는
> 여름 곡물 택하시지 않았네
> 사방으로 가지 뻗고
> 따스한 공기 속 사철 잎이 지지 않고
> 연중 온화하게 꽃 피워 열매 맺는

감람나무 역시 택하시지 않았네
당신과 그 백성 위해 오직 이 한 가지 택하셨네
지금도 거듭해서 흐르는 그 생명의 피 통해
세상에 뜨거운 정열 주는
영원한 활력의 원화 포도나무시네
이 포도나무 산 가지마다 포도주 스며나오네
영혼을 쏟아놓은들 부족함이 있으리
주정뱅이 바람둥이 마신다 한들
그 넘치는 은사 과도함이 있으리
그대의 생명은 얻은 것보다 잃은 것으로 가름하나니
마신 양이 아니라 쏟은 양으로 하네
사랑의 힘은 사랑의 희생에 있고
고난이 큰 이 더 많은 것을 줄 수 있기에.

여기다가 신랑은 한 가지 비유를 더 사용한다. "네 콧김은 사과(시트론) 냄새 같구나" 1부에서는 신부가 외친다.

남자들 중에 나의 사랑하는 자는 수풀 가운데 사과나무 같구나
내가 그 그늘에 앉아서 심히 기뻐하였고
그 실과는 내 입에 달았구나

여기서 우리는 이 친교의 결과를 보게된다. 그녀가 먹은 사과 냄새가 콧김에 어리고, 그 달콤한 향기가 그녀에게 밴다. 신랑이 결론적으로 묘사하기를,

네 입은 좋은 포도주 같을 것이니라
이 포도주는 나의 사랑하는 자를 위하여 미끄럽게 흘러 내려서

신부가 불쑥 끼어든다.

자는 자의 입으로 움직이게 하느니라

그리스도의 신부로 하여금 그 사랑하는 자에게 이와같이 되도록 만

든 은혜는 얼마나 놀라운가! 종려처럼 정직하게 하늘을 향해 자라나면서 승리를 구가하며 나날이 풍성한 결실을 맺고, 포도처럼 정중하고 부드럽게 자신을 잊고 자신을 희생하면서 역경에도 불구하고 열매를 맺을 뿐 아니라 역경을 통해 가장 풍요로운 결실을 맺으며, 그 그늘에 쉬면서 사랑하는 자를 위해 축연을 베푸는 가운데 그 향기에 동참하게 되니 그녀에게 은혜로써 되지않는 일이 무엇이랴!

자기 신부로 삼고 자신의 은혜와 미덕으로 꾸민 키 작은 야생화를 보고 영광의 신랑이 만족하는 것을 더욱 발견하게 되는 신부의 기쁨은 어떠하겠는가!

나는 나의 사랑하는 자에게 속하였구나.
그가 나를 사모하는구나.

그녀는 즐겁게 외친다. 이제는 자신에게 속하였거나 자신을 위한 것은 하나도 없고, 모두가 당신에게 속하였고 당신을 위한 것이다. 그리고 호도 동산으로 내려가서 그와 함께 동산을 가꾼 결실이 이와 같이 달콤하다면, 이 축복된 사역을 계속하도록 강요할 필요가 없을 것이다.

나의 사랑하는 자야 우리가 함께 들로 가서
동네에서 유숙하자.

그녀는 자신의 비천한 태생을 부끄러워하지 않는다. 부끄러움을 두려워하지 않기 때문이다. 완전한 사랑은 두려움을 내어 쫓는다. 화려하고 장엄하기 이를데 없는 왕의 위엄을 점점 함께 누리고, 이제는 동산에 열매가 풍성하도록 하는 것이 그녀 편에서는 그분과 함께 하는 더욱 달콤한 일이 되고, 그분을 위해 창고에 쌓아둔 각양 귀중한 옛 과일과 풋과일을 그분에게 드리며, 무엇보다 자신의 사랑으로써 그분을 만족시킬 수 있어서 좋다. 그녀는 이 사역의 교제에 만족할 뿐 아니라, 그분의 관심을 요구하고 당분간 그분의 임재의 기쁨을 감소시

킬 영예나 의무가 없었으면 하고 몹시 원할 것이다.

> 네가 내 어미의 젖을 먹은 오라비 같았었더면
> 내가 밖에서 너를 만날 때에 입을 맞추어도
> 나를 업신여길 자가 없었을 것이다.

이런 관계라면 누이가 오빠를 보살필 수 있는 것처럼 그분을 보살피고 모든 관심을 요구할 수도 있을텐데. 그녀에게 부족함이 없이 베푸셨고, 그분과 비교하면 자신은 아무것도 아님을 깊이 의식한다.

그러나 그분을 통해 해온 일을 자랑스럽게 여기는 대신 그녀는 자신이 주는 자가 되고 그분이 받는 자가 되는 일이 이루어졌으면 하고 간절히 바란다. 이것은 '하나님께서 나에게 이것을 요구하신다고는 생각지 않아', '그리스도인이 되려면 꼭 이것을 포기해야 하나' 하는 등 우리 주님의 마음을 몹시 괴롭힐 것에 틀림없는 인색한 생각과는 아주 판이하게 다르다.

참된 헌신은 주도록 허락하시기를 구하며, 주님을 위해서 포기될 수 없는 것이라면 모두 분토처럼 여길 것이다. '우리 주 그리스도 예수를 아는 지식의 고상함을 인하여 일체를 분토처럼 여기노라.'

그분에게 더 돈독한 사람이 되는 것을 갈망하는 이 소원으로 말미암아 아직도 그분의 인도가 필요하고 그분만이 참된, 오로지 참된 교사라는 것을 인식하는데 눈이 멀지는 않는다.

> 내가 너를 이끌어 내 어미 집에 들이고
> 네게서 교훈을 받았으리라
> 나는 향기로운 술
> 곧 석류즙으로 네게 마시웠겠고,

당신께 나의 최선을 다하기를 원하지만, 내 자신 당신 안에서 모든 안식과 만족을 구하기를 원한다.

> 너는 왼손으론 내 머리에 베개하고

오른손으론 나를 안었었으리라.

그래서 이와같이 5부는 끝이 난다. 이 거룩하고 거칠데가 없는 친교보다 신랑, 신부에게서 달콤한 것은 하나도 없다. 또 다시 그분은 약간 형태는 다르지만 예루살렘 여자들에게 부탁한다.

나의 사랑하는 자가 원하기 전에
왜 흔들고 깨우려 하는가

참으로 거룩하게 된 친교이다! 우리도 항상 이것을 누릴 수 있으며, 그리스도 안에 거하여 귀에 익은 유명한 찬송가 가사를 노래하리라.

양팔로 꼭 나를 안으시고
주님 가슴에 머리하니
내 곤한 영혼 주님을 찾았네
얼마나 완전하고 완전한 안식인가!
복되신 예수여
이제는 내가 복됨을 알았나이다.

6부

억제되지 않은 친교

아가서 8 : 5~14

이제 이 책의 마지막 부분에 이르게 되었다. 앞서 살펴본 바와 같이 아가서는 땅에서 믿는 자들의 삶을 묘사해 주는 시이다.

1부는(1 : 2~2 : 7) 약혼자에 대한 불만족한 갈망 – 영혼의 신랑에 대한 유보없는 복종에 의해서만 채워질 수 있는 갈망 – 으로 시작되어, 복종을 하게 될 때 그토록 두려워했던 십자가 대신에 왕, 사랑의 왕을 만났고, 그분은 그녀의 가장 깊은 갈망을 만족시켜 주셨을 뿐 아니라 그녀에게서 자신의 만족을 발견하셨다는 것을 보았다.

2부는(2 : 8~3 : 5)는 잘못이 여자편에 있음을 보여주었다. 미혹을 받아 다시 세상으로 되돌아갔고, 곧 사랑하는 자가 그곳까지 자기를 따라오실 수 없다는 것을 알았다. 이렇게 되자 오로지 마음에 그분을 찾아야 하겠다는 일념으로 찾아나섰고, 그녀의 수고가 성공하여 친교가 회복되었다.

3부는(3 : 6~5 : 1) 깨어지지 않은 친교를 말해준다. 그리스도 안에 거하여 그녀는 그분의 안전과 영광의 동참자가 된다. 그렇지만 그녀는 예루살렘 여자들의 관심을 이러한 외부적인 것들로부터 왕 자신에게 쏠리도록 한다. 그리고 이와같이 그녀가 그분에 사로잡혀 있고 다른 사람들도 그와같이 되기를 원하는 동안 그녀의 신랑되신 왕은 그녀를 즐거워하고, 사자굴이나 표범굴을 두려워하지 않는 사역의 교제로 그녀를 초대하고 있음을 본다.

그러나 4부는(5 : 2～6 : 10) 다시 실패를 보여준다. 전과 같이 세속성 때문이라기 보다는 영적 교만과 게으름 때문이다. 이번에는 회복이 훨씬 더 어려웠지만, 다시 그녀가 부지런히 주님을 찾아나서고 다른 사람들도 그녀와 함께 그분을 찾아나설 소원이 일어날 만큼 사랑을 실토할 때, 그분이 스스로 나타나셨고 친교는 회복되었으며 더 이상 중단되지 않았다.

5부는(6 : 11～8 : 4) 앞에서 살펴본 바와 같이 신랑과 신부가 서로 만족과 기쁨을 맛볼 뿐 아니라, 예루살렘 여자들도 그녀의 지위와 아름다움을 인정한다는 것을 묘사하고 있다.

그리고 이제 6부에서 우리는 이 책의 마지막 장면에 이르게 된다. 이 장면에서 신부는 사랑하는 자에게 기대어, 자신을 더욱 단단하게 묶어달라고 간구하며, 그분께서 그녀를 세상의 사역으로부터 불러내실 때까지 그분의 포도원에 스스로 몰두하고 있는 것으로 보인다. 이제 이 마지막 장면을 특별히 주목해서 살펴보기로 하자.

3부에서와 같이 예루살렘 여자들의 물음과 외침으로 시작된다. 거기서는 "연기 기둥과 같이 거친 들에서 올라오는 자가 누구냐?"고 물었지만 그들의 관심은 화려하고 엄위한 왕에게 쏠린 것이지 그분의 인격이나 그 신부의 인격에 쏠린 것이 아니었다. 여기서는 주변적인 것들이 아니라 사랑하는 자와 관련하여 신부의 행복한 위치에 매료된다.

> 그 사랑하는 자를 의지하고
> 거친 들에서 올라 오는 여자가 누구인가

신부를 통해서 신랑에게 관심이 쏠리고 있다. 그들의 연합과 친교는 이제 드러내 놓고 공개적이다. 마지막으로 거친 들이 언급되지만 신랑의 임재에 의해 달콤한 위로를 받으니 신부에게는 거친 들이 아니다. 신실하게 사랑을 모두 쏟아놓으면서 그녀는 사랑하는 자에게 기대어 있는 것으로 나타난다.

그분은 그녀의 힘이요 기쁨이요 자랑이요 상급인 반면 그녀는 그분의 특별한 보화요 아주 인자하신 보살핌의 대상이다. 그분의 모든 지혜와 권능의 원천은 그녀의 것이다. 사랑하는 자에게 기대어 있는 동안에는 나그네 길이지만 안식을 누리고 거친 들에 있지만 만족하다.

그렇지만 신랑 신부의 관계를 통해 성령께서 마음에 가르치시는 은혜와 사랑의 계시도 놀랍지만, 하나님의 그리스도는 신랑이 자기 사람에게 그런 것보다 더 놀랍다. 땅에 계실 때 '아브라함이 있기 전에 내가 있느니라'고 말씀하실 수 있었던 분은 여기서 신부가 단지 약혼 때부터가 아니라 태어나면서부터라고 주장한다. 그녀가 그분을 알기 전 그분이 그녀를 아셨고, 이 사실을 다음과 같이 그녀에게 상기시킨다.

> 너를 인하여 네 어미가 신고한
> 너를 낳은 자가 애쓴 그곳
> 사과나무 아래서 내가 너를 깨웠노라.

그녀의 아름다움을 즐거워하시지만, 이것은 그분의 사랑의 원인이기 보다는 그 결과이다. 그녀에게 고와보이는 데가 없었을 때 그녀를 취하셨기 때문이다. 그녀를 오늘의 그녀로 만들고 이제 그녀에게서 즐거움을 느끼는 사랑은 변덕스러운 사랑이 아니며, 사랑이 변할까바 두려워 할 필요도 없는 것이다.

자신이 참으로 그분의 소유라는 이 진리를 기쁘게 인정하면서 신부는 외친다.

> 너는 나를 인 같이 마음에 품고
> 도장 같이 팔에 두라
> 사랑은 죽음 같이 강하고
> 투기는(열렬한 사랑은) 음부같이
> 잔혹하니(끈질기니)

불 같이 일어나니
그 기세가 여호와의 불과 같으니라.

대제사장은 가슴에 열 두 지파의 이름 쓴 것을 달고 있는데, 각 지파의 이름을 하나님께서 택하신 값비싸고 영구적인 보석 위에 도장처럼 새기고, 이 도장 혹은 보석을 극상의 정금으로 싼다. 마찬가지로 같은 이름 쓴 것을 어깨 위에 달고 있는데, 대제사장의 사랑과 힘 모두가 이스라엘의 지파들을 위해서 위임되었음을 가리킨다. 신부도 이처럼 예언자이신 동시에 제사장이요 왕이신 그분에 의해 들려질 것이다.

사랑은 죽음처럼 강하고 투기는(열렬한 사랑은) 음부처럼 끈질기기 때문이다. 사랑하는 자의 한결같은 사랑을 의심하는게 아니다. 안타깝게도 자신의 마음이 한결같지 못함을 배웠고, 신성의 상징인 정금고리와 사슬로 묶이는 것처럼 사랑하는 자의 마음과 팔에 매달리기를 원한다. 그래서 시편기자는 기도하기를, '제물을 줄로 제단 뿔에 매소서'라고 했다.

예물을 성결케 하는 제단 위에 제물을 놓기란 비교적 쉬우나, 그곳에 계속 놓여있게 하기 위해서는 신적 강제력 즉 사랑의 줄이 요구된다. 그러므로 여기서 신부를 이와같이 그녀에게 모든것이 되시는 그분의 마음과 팔에 자리잡고 고정되어, 더욱 그 사랑만을 신뢰하고 오직 그 능력에 의해 유지될 수 있기를 바랄 것이다.

우리 모두가 이로부터 어떤 교훈을 배울 필요가 있지 않을까? 애굽으로 돌아가 도움을 구한다거나, 말이나 병거를 신뢰한다거나, 살아계신 하나님보다는 방백이나 사람을 의뢰하지 않도록 지켜주실 것을 기도할 필요가 있지 않을까? 믿음으로 큰 승리를 얻었던 이스라엘의 왕들이 말년에 가서는 때로 이방나라들에게 도움을 구하지 않았는가! 주님께서는 이 올무에서 자기 백성을 지키신다.

신부는 계속한다. "불 같이 일어나니 그 기세가 여호와의 불과 같으니라." 아가서에서 '여호와'라는 말이 유일하게 나타나므로 주목

거리가 될 수 있다.

그러나 여기서는 생략할 수도 있지 않을까? 사랑은 하나님께 속한 것이고 하나님은 사랑이시기 때문이다.

그녀의 요청에 안심시키는 말로 신랑이 응답한다.

> 이 사랑은 많은 물이 꺼치지 못하겠고
> 홍수라도 엄몰하지 못하나니
> 사람이 그 온 가산을 다 주고 사랑과 바꾸려 할지라도
> 오히려 멸시를 받으리라

은혜로 신부의 마음 속에 잉태된 사랑은 그 자체가 신성하고 영속적이다. 많은 물로도 끌 수 없고 홍수라도 몰아갈 수 없다. 시련과 고통, 사별과 상실로 그 한결같음에 시험이 올 수 있으나, 사랑을 끌 수는 없을 것이다. 그 근원이 인간이나 자연에 있지 않다. 생명과 같이 하나님 안에 그리스도와 함께 숨겨져 있다.

"누가 우리를 그리스도의 사랑에서 끊으리요 환난이나 곤고나 핍박이나 기근이나 적신이나 위험이나 칼이랴…… 그러나 이 모든 일에 우리를 사랑하시는 이로 말미암아 우리가 넉넉히 이기느니라 내가 확신하노니 사망이나 생명이나 천사들이나 권세자들이나 현재 일이나 장래 일이나 능력이나 높음이나 깊음이나 다른 아무 피조물이라도 우리를 우리 주 그리스도 예수 안에 있는 하나님의 사랑에서 끊을 수 없으리라."

하나님께 대한 우리의 사랑은 우리에 대한 하나님의 사랑으로 보강된다. 정말 온혜로 구원받은 영혼에게 하나님의 사랑을 버리라는 어떠한 뇌물도 결국 성공하지 못할 것이다. "내게 있는 모든 것을 내어 줄찌라도 사랑이 없으면 아무 유익이 없느니라."

자신에 대한 염려로 부터 해방된 행복한 신부는 다음으로 아직 그녀와 같이 총애받는 위치에 이르지 못한 자들을 위해 인도하심과 주님과 함께 하는 사역의 교제를 구한다.

우리에게 있는 작은 누이는
아직도 유방이 없구나
그가 청혼함을 받는 날에는
우리가 그를 위하여 무엇을 할꼬

신랑과의 의식적인 연합이 그녀의 표현 속에 얼마나 아름답게 나타
나고 있는가. "우리에게 있는 작은 누이"이지 나에게 있는 작은 누이
가 아니며, "우리가 그를 위하여 무엇을 할꼬"라고 말하는 것으로 보
아 사사로운 관계나 관심은 일체 없다. 모든 일에서 그분과 하나가
된다.

그리고 바로 이 질문에서 은혜가 더욱 발전하는 것을 본다. 마지막
부의 끝이 가까와오자 신부는 신랑을 자기의 인도자로 인정하였다.
그녀는 이제 작은 누이에 관해서 스스로 계획을 세우지 않고, 그에
대한 그분의 허락을 구할 것이다. 그보다는 그분의 생각이 무엇인가
를 배우고, 그분의 계획 가운데 그분과 교제를 누리게 될 것이다.

하나님의 자녀들이 이와같이 행하기를 배운다면 얼마나 많은 근심
과 염려가 덜어지겠는가! 우리가 할 수 있는 최선의 계획을 세우고
우리가 할 수 있는 최선을 다해 그것을 수행하면서도, 내내 무거운
책임감을 느끼고 열심히 주님의 도우심을 구하는 일이 너무 혼하지
않은가? 이와달리 만약 그분을 사역 중에 우리의 인도자로 삼고, 모
든 책임을 그분에게 맡긴다면, 근심과 걱정으로 힘이 빠지지도 않을
것이며, 모두가 그분의 처분에 달려 있으며 그분의 목적을 성취하실
것이다.

아직 성숙하지 못한 작은 누이는 하나님께서 목적을 두시고 그리스
도께 주신 하나님의 선택된 백성이지만, 아직도 그분과 구원의 관계
에 이르지 못한 자들이 아닐까? 아직 단단한 음식이 아니라 젖이 필
요하고 신앙적으로 어린아이와 같은 사람들이라도 잘 보살펴 주면 때
가 되어 장성한 신자들로서 주의 사역에 적합하게 되지 않을까? 그
때에는 그들도 음성을 듣고 그분이 예비하신 사역의 장으로 부르심

을 입을 것이다.

신랑이 응답한다.

> 그가 성벽일찐대
> 우리는 은 망대를 그 위에 세울 것이요
> 그가 문일찐대
> 우리는 백향목 판자로 두르리라.

이 응답 가운데 신랑은, 신부가 그분과 의식적으로 하나됨을 보여 주었던 것처럼, 자신이 신부와 하나되심을 행복하게 인정한다. '우리 가 누이를 위하여 무엇을 할꼬'라고 말하자, '우리가 세우고 우리가 두르리라'고 대답한다. 신부를 안중에 두지 않고 당신의 은혜의 목적 을 성취하지 않고, 그녀와 함께 그녀를 통해서 일하실 것이다. 그렇 지만 이 누이를 위해서 할 수 있는 것은 그녀가 무엇이냐에 달려있다.

그녀가 굳건하고 안정된 토대 위에 세워진 벽이라면 은 망대를 세 워 아름답게 꾸밀 것이다. 안정되지 못하고 이리저리 흔들리는 문과 같다면 아름답게 꾸미는 것으로는 적당하지 않고 또 불가능할 것이 다. 백향목 판자로 막고 자신의 보호를 위해 출입을 금하는 울타리를 세울 필요가 있을 것이다.

신부가 즐겁게 응답한다. "나는 성벽입니다."그녀는 자신이 서 있 는 기초를 알고 있다. 자신의 경우라면 그렇게 하시지 않아도 된다. 그녀는 사랑하는 자 보시기에 총애를 받고 있다는 것을 의식한다. 남 달리의 축복이 그녀의 것이다. "은혜가 족하고 여호와의 복이 가득하 다."

그런데 이 행복한 의식과 다음 귀절의 말씀과의 관계는 무엇을 가 르처 주는가?

> 솔로몬이 바알하몬에 포도원이 있어
> 지키는 자들에게 맡겨두고
> 그들로 각기 그 실과를 인하여

은 일천을 바치게 하였구나
솔로몬 너는 일천을 얻겠고
실과 지키는 자도 이백을 얻으려니와
내게 속한 내 포도원은 내 앞에 있구나.

우리가 믿기는 이 관계가 아주 중요한데, (은혜를 받아) 그녀가 어
떠한 사람이 되었는가 하는 것이 무엇을 하였는가 하는 것보다 중요
하며, 그녀가 총애를 얻기 위해 일한 것이 아니라 총애를 확신하면
서 봉사하는 가운데 자신의 사랑을 자유롭게 표출하였다는 것을 가르
쳐 준다.

신부는 주님과 자신의 관계를 알고, 자신에 대한 그분의 사랑을 안
다. 그분이 은 일천을 얻어야 한다는 결정이 보여주는 그녀의 관심은
자신의 포도원이 솔로몬을 위해 바알하몬에 있는 그분의 포도원보다
수확이 적지나 않을까 하는 것이다. 그녀의 포도원은 그녀 자신이며,
주님을 위해 많은 열매를 소원했다.

또한 그녀는 포도원을 지키는 자들, 함께 포도원을 가꾸는 동료들,
말씀과 교리로 봉사하는 자들에게 충분한 보상이 주어지는 것을 보기
원한다. 곡식을 떠는 소에게 망을 씌우고 싶지 않다. 완전한 십일조
아니 십의 이조가 열매를 지키며 포도원에서 그녀와 함께 수고하는
자들의 몫이 되어야 한다.

이 행복한 봉사가 언제까지 계속될지, 곧 끝나는 것은 아닐지 누구
도 말할 수 없다. 옛 아담을 하나님의 낙원에 두셨던 것처럼 당신의
종들을 불러 동산에 거하게 하시고 당신을 위해 동산을 가꾸도록 하
신 그분만이 이 봉사의 한계를 아시는 분이다. 조만간 안식이 찾아오
고, 마지막 날의 무거운 짐과 뜨거운 열기를 참아낼 것이며, 마지막
싸움이 지나가고, 사랑하는 자에게 건네는 신랑의 목소리가 들릴 것
이다.

너 동산에 거한 자야

동무들이 네 소리에 귀를 기울이니
나로 듣게 하려므나.

동료들 가운데 그대의 사역은 끝이 났다. 그대는 선한 싸움을 싸우고 믿음을 지키고 달려갈 길을 마쳤다. 따라서 그대를 위해 의의 면류관이 예비되었으니, 신랑 자신이 그대의 넘치도록 큰 상급이 될 것이다.

당연히 신부는 그분으로 하여금 자기 목소리를 듣게 하려고, 가슴 조이며 그분을 만나러 뛰쳐나가면서 외친다.

나의 사랑하는 자야 너는 빨리 달리라
향기로운 산들에서
노루와도 같고 어린 사슴과도 같아여라.

2부에서와 같이 더 이상 그분에게 애걸하는 일은 없다.

나의 사랑하는 자야 돌아와서
베데르[이별] 산에서의
노루와 어린 사슴 같아여라.

결코 다시는 그분이 자기로부터 떠나가시는 것을 원치 않았다. 그리스도 안에 거하는 자들에게는 베데르 산이 하나도 없기 때문이다. 이제는 향기로운 산들만 있다. 이스라엘 백성의 마음으로부터 향기처럼 피어오르는 찬양 중에 거하시는 분은 신부에 의해 서둘러 빨리 와서 향기로운 산들에서 노루와도 같고 어린 사슴과도 같이 되라고 초대된다.

땅에서 섬기는 동안 성령으로 자기 백성 가운데 거하시는 우리 주님의 임재는 너무도 행복하다. 그러나 여기에도 길목마다 많은 가시가 있어 조심스럽게 살펴가야 하고, 장차 함께 영광을 누리기 위해서는 우리 주님과 함께 고난받는 일이 현재에 족하다.

그러나 우리를 세상의 동산과 인연으로부터 불러 올리셔서 위대하

신 왕의 궁전에 들어가게 하실 날이 오고 있다. 거기서 그의 백성들
은 "다시 배고픔이나 목마름이 없고, 해나 달의 비췸이 쓸데 없으니,
보좌에 앉으신 어린양이 그들은 생명수의 강으로 인도하고, 하나님이
그 눈에서 모든 눈물을 씻어주시리라."

성령과 신부가 말씀하시기를 오라 하시는도다……
내가 진실로 속히 오리라 하시거늘 아멘 주 예수여 오시옵소서.

부록

예루살렘 여자들

예루살렘 여자들이란 누구를 말하느냐 하는 질문이 흔히 제기된다. 이들은 분명 신부는 아니지만, 신부와 멀리 떨어져 있는 자들도 아니다. 이들은 신랑이 정오에 자기 양떼를 쉬게 하는 곳을 알고 있다. 그의 사랑이 그 안에 거하여 안식하고 있는 동안에는 혼들리지 말고 깨우지도 말라는 신랑의 부탁을 받고 있다. 신랑이 화려하고 엄위하게 거친들로부터 올라올 때 그에게 관심을 쏟는다.

이들의 사랑의 선물이 그분의 장엄한 병거를 꾸며준다. 함께 사랑하는 자를 찾아나서자는 신부의 호소를 들으며, 그분의 아름다움을 정열적으로 묘사하는 신부의 말에 이끌려 그녀와 함께 그분을 찾으려는 소원을 가진다. 이들은 신부의 아름다움을 조목조목 묘사하지만, 이와달리 이들이 신랑의 인격에 사로잡히는 것은 결코 볼 수 없다. 그분은 이들에게 모든 것의 모든 것이 되지 않는다. 이들도 외부적이고 땅에 속한 일에 마음을 둔다.

이들은 현재 하나님의 일 보다는 세상의 일에 더 관심을 기울이는 자들을 나타내지 않을까? 자신의 이익을 진작시키고 자신의 위안을 확보하는 것이 이들에게는 주님을 기쁘시게 해드리는 모든 것들보다 더 관심이 있다. 요한계시록 7:9~17에 나오는 큰 환난에서 나오는 자들, '처음 익은 열매로 하나님과 어린양에게 속한'(계 14:1~5) 십사만사천의 일부에는 속하지 않은, 셀 수 없이 큰 무리의 일부에 속하는 자들 일것이다.

이들은 누가복음 21 : 34~36에 나오는 우리 주님의 경고를 잊어버렸으므로, "장차 올 이 모든 일을 능히 피하고 인자 앞에 서기에 합당한 자로 여기심을 받지" 못한다. 이들은 바울과 같이 "주 그리스도 예수를 아는 지식의 고상함을 인하여 일체를 분토같이 여기지" 않는다.

그리스도인이라 불리우고 스스로도 그렇게 생각하는 사람들이라고 해서 모두가 바울이 빌립보서 3 : 11에서 말하고 있는 부활에 이르러 공중에서 주님을 만나지는 않으리라는 엄숙한 확신을 기록해 두고자 한다. 헌신된 삶을 통해서 자신이 세상에 속하지 않고 주님을 기다리고 있음을 증거하는 자들에게 그분은 죄없는 구원으로 나타나시리라.

연합과 친교

초판 발행 1987년 10월 10일
중쇄 발행 2012년 8월 30일

발행처   **크리스찬**
발행인   박명곤
주소   경기도 고양시 일산동구 장항동 611-19
전화   031-911-9864, 070-7538-9864
팩스   031-911-9824
등록   제 396-1999-000038호
판권   ⓒ 크리스찬 다이제스트 1987
총판   (주) 기독교출판유통
         전화 031-906-9191~4
         팩스 0505-365-9191